바칼로레아 철학 수업

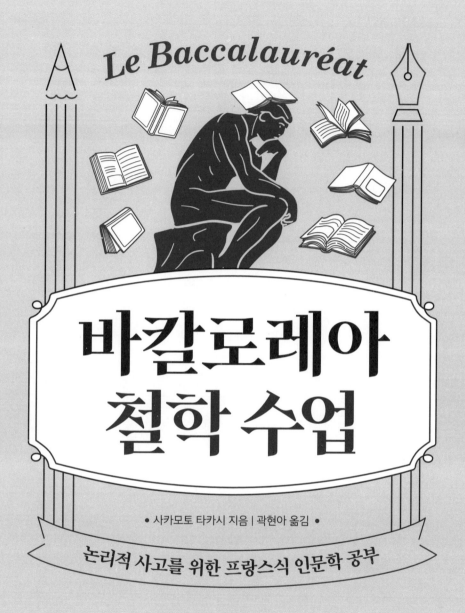

# Le Baccalauréat

# 바칼로레아 철학 수업

• 사카모토 타카시 지음 | 곽현아 옮김 •

논리적 사고를 위한 프랑스식 인문학 공부

현익출판

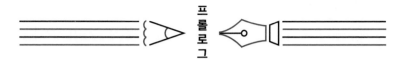

노동은 우리를 더 인간답게 만드는가?
기술은 우리의 자유를 증진시키는가?
권력 행사와 정의 존중은 양립 가능한가?

이 책에서는 위 세 가지 생각과 더불어 노동, 기술, 자유, 권력, 정의와 같은 주제를 다룹니다. 이와 같은 주제는 사회에 미치는 영향과 깊이로 볼 때 '어렵다!'라고 느끼는 사람이 많습니다. 천 명에게 물어보면 서로 다른 천 가지 답이 나올 수도 있습니다.

이토록 한마디로 정의 내리기 어려운 이 세 가지 생각을 앞으로 '철학 문제'로 판단하고 살펴보려고 합니다. 그리고 '철학 문제'인 이 세 가지 질문에 어떻게 대답할 수 있을지 함께 생각해 볼 겁니다. 아무리 어려운 문제라도 모두 답하는 방법이 있습니다. 지금부터 누구나 이해할 수 있고, 스스로 완벽하게 이해하여 활용할 수 있는 '답하는 방법'을 논의하겠습니다.

애초에 이 세 가지 문제는 어디에서 나온 것일까요? 이는 프랑스 바칼로레아라는 시험의 철학 과목에 실제로 출제된 문제입니다. 바칼로레아 시험은 아시다시피 프랑스 고등학생이 졸업하기 위해 치르는 시험입니다. 이 시험에 합격하면 고등학교 졸업 자격을 취득하는 거죠. 또 동시에 대학교 입학 자격을 얻는 것과도 같습니다. 이 시험의 역사는 나폴레옹 황제 시대인 1808년까지 거슬러 올라가야 합니다. 당시에는 구술시험이었지만, 1830년에 필기시험이 도입됐습니다. 그 후로 몇 번이나 개정을 거쳤지만, 오늘날까지 이어져 프랑스 교육의 한 단계로 자리매김했습니다.

그러니까 지금부터 우리는 프랑스의 이 철학 시험에서 답하는 방법을 알아보는 겁니다. 이 답하는 방법이란 여러 가지 문제를 분석하고, 분해하기 위한 '사고의 틀'입니다. 이 틀이야말로 프랑스 철학 교육이 갖는 특징입니다. 이 틀을 통해 우리가 직면한 문제를 풀어낼 힌트를 얻을 수도 있습니다.

## 시민을 육성하는 프랑스 교육

서두에서 언급한 세 가지 문제로 돌아가서, 그 문제들을 직접 풀어야 한다면 어떨까요? 실제로 대학 시절에 바칼로레아 철학 시험 문제가 리포트 과제로 출제된 적이 있었는데(예술에 관한 주제였던 것으로 기억합니다), 개인적인 감상문에 불과한 글을 어영부영 적어서 제출한 기억이 있습니다. 만약 그것이 실제 바칼로레아 시험이었다면 점수가 매우 낮았을 것입니다. 답하는 방법에 대해서도 자세하게 살펴볼 예정이지만, 그전에 왜 시험에서 이러한 문제를 내게 되었는지 그 이유부터 알아야 합니다.

프랑스 바칼로레아 시험은 고등학교 2학년과 3학년이 치르는 시험입니다. 2019년까지는 각 학년 말에 시험을 봤습니다. 2020년에는 신형 코로나바이러스 감염증이 세계적으로 확산하여 시험을 실시하지 않았고, 고등학교 내신 성적만으로 바칼로레아 자격 취득 여부를 결정했습니다. 2021년 고등학교 졸업생부터 새로운 시험 형식을 도입하여 고등학교 2, 3학년의 학업 성적과 3학년 말에 순차적으로 실시되는 필기시험을 통해 합격과 불합격을 판단하게 되었습니다.

바칼로레아 시험 개혁 전에는 고등학교 3학년 6월에 치르는 시험 중 첫 번째 시험과목이 철학이었습니다. 이제 새로운 시험 제도로 고등학교 3학년 초에 철학이 아닌 두 과목의 시험을 치르게 되었지만, 6월에 철학 시험을 실시한다는 점은 전과 동일합니다. 필기시험이고, 시험 시간은 4시간입니다.

물론 아무런 준비도 없이 갑자기 시험을 보는 것은 아닙니다. 프랑스의 보통과, 기술과 고등학교 3학년은 철학을 필수 과목으로 지정하여 배웁니다. 그 때문에 바칼로레아 철학 시험은 지난 1년 동안의 철학 공부 습관이 어떠했는지 평가하는 시험이라고도 할 수 있습니다.

고등학교 3학년 학생에게 철학을 교육하는 목적은 무엇일까요?

첫 번째 이유는 초등·중등 교육에서 배웠던 다양한 과목을 되돌아본 후, 그 내용을 서로 연결하고, 통합하기 위해서입니다. 철학의 목표는 지식의 내용을 한 단계 높이는 것입니다. 즉, 철학은 특정 과목의 지식에 편중되지 않고 '교양'을 익히는 방법이라고 할 수 있습니다.

두 번째 이유는 시민을 육성하기 위해서입니다. 이는 결국 민주주의 사회에서 스스로 이성으로 생각하고, 발언하며, 행동할 수 있는 인간을 길러 내겠다는 의미입니다. 철학 교육의 목표가 '사고하고 표현하는 사람'을 길러 내는 것인 만큼, 시민 육성을 위한 유효한 방법이라고 판단됩니다. 프랑스에서 시민이란 철학을 할 수 있는 사람을 가리킨다고 해도 과언이 아닙니다.

반면 많은 나라에서는 고등학교에서 철학을 가르치지 않습니다. 그리고 대학에도 철학이라는 이름이 들어가는 과목의 수강생은 많지만, 전문적으로 배우는 일부 학생을 제외하면 선택 과목에 불과합니다. '사고하고 표현하는 학생'을 기르기 위해 충분한 시간과 비용을 확보하고 있는지조차 의문입니다. 이는 철학 교육의 문제라기보다 대학 교양 교육이 가진 본연의 역할과 관련한 문제일 것입니다.

물론 철학만이 사고하고 표현하는 것을 기초로 하지는 않습니다. 분야에 따라 그 시점이나 방법의 차이는 있지만 학생들은 다양한 분야에서 사고하고 표현하는 방법을 배우고 있습니다. 다만 프랑스는 고등학교 마지막 학년에 철학 교육을 통해 이를 배운다는 것입니다. 그렇게 프랑스에서 고등학교를 졸업하고 바칼로레아를 취득한다는 것은 시민이 갖춰야 하는 기본 소양을 쌓았다는 의미입니다. 물론 이

넘상으로는 그렇지만, 실제로 그 수준까지 도달한 사람은 많지 않습니다. 그저 시민을 육성하기 위해 철학을 가르친다는 점, 그것을 고등학교에서 실천하고 있다는 점에 프랑스 교육이 가진 고유한 특징이 있습니다.

## 프랑스 철학 교육의 목적은 틀을 익히는 것

흔히 수험생들이 바칼로레아 당일이 돼서야 이런 유형의 시험을 처음 보게 된다고 오해하는 경우가 많습니다. 하지만 바칼로레아는 고등학교 기간의 학습 성과를 평가하는 시험입니다. 다시 말해 1년 동안 철학을 얼마나 잘 배웠는지 평가하는 것입니다.

또 한 가지 오해하는 부분은 수험생들이 바칼로레아 철학 시험 문제를 풀 때 자신의 의견을 자유롭게 쓴다고 생각하는 점입니다. 자기 생각을 자기 언어로 표현한다, 그것이 바칼로레아 철학 시험에서 평가하는 것이며 그런 훈련 덕분에 프랑스인은 당당하게 자기 의견을 펼친다는 주장은 얼핏 그럴듯해 보이지만, 틀렸습니다.

어째서 틀린 걸까요? 사실 바칼로레아 철학 시험은 '자유로운 사고'가 가능한지를 확인하는 시험이 아닙니다. 단순하게 의견이나 감상을 쓰는 시험도 아니죠. 그런 의미에서 에세이나 독후감과는 전혀 다릅니다. 쓰기 교육에서는 형식에 얽매이지 않는 사고와 글쓴이의 개성이나 감성이 잘 표현된 글이 좋은 평가를 받곤 합니다. 그런 편견을 갖고 바칼로레아 철학 시험 문제를 대한다면, 말 그대로 자유롭고 창조적인 사고를 문장으로 표현해야 한다고 생각할 수도 있습니다.

하지만 실제 바칼로레아 철학 시험에서는 사고의 틀에 숙달했는지를 평가합니다. 사고의 틀이란 무엇일까요? 그것은 한 문장으로 표현된 시험 문제를 정해진 순서대로 분석하고, 답을 '도입-전개-결론'의 세 부분으로 구성하여 작성하는 것입니다. 프랑스 고등학생은 1년에 걸친 철학 수업을 통해 이 틀을 배웁니다. 바칼로레아 철학 시험은 바로 그 틀을 능숙하게 사용할 수 있는지를 평가하는 시험입니다. 그렇게 한 문장으로 출제된 문제에 4시간이나 걸려 답을 써 내게 되는 것이죠.

'철학이란 틀이다'라고 하면 놀라는 사람도 있을 것입니다. 철학에 필요한 것은 사물을 다른 각도로 보는 창의력이나, 하나의 질문에 대해 끈질기게 사고한 끝에 독창적인 답에 도달하는 재능이라고 생각하기 때문이죠. 이렇게 철학을 이해하는 것은 정확하지 않습니다. 프랑스 철학 교육에서 틀을 가르치는 이유는 무엇일까요?

우선 프랑스 고등학교에서 철학 교육의 목적이 지식이나 학문으로써의 철학을 학습하는 것이 아니라는 점을 알아야 합니다. 철학 교육의 목적은 권위를 그대로 받아들이지 않고, 스스로 생각하고 발언하며 행동할 수 있는 시민을 육성하는 것입니다. 이를 달성하기 위한 수단이 철학입니다. 철학의 역사나 다양한 철학자의 주장을 이해하고 암기하는 것보다는 어떤 사고 방법을 활용하는지, 어떻게 그 방법을 활용할 수 있는지를 아는 것이 중요합니다.

사고의 틀은 이처럼 시민이 익히는 것이며, 사고하고 표현하는 방법의 기초가 됩니다. 사고의 틀을 익히는 목표는 서양이 역사적으로 복잡한 사고의 본보기로 삼아온 철학을 학습함으로써 스스로 생각하고 표현할 수 있는 시민이 되는 것입니다.

## 틀은 모순적일까?

스스로 생각하고 표현하는 것과 틀을 익히는 것이 모순적으로 보일 수도 있습니다. '틀에 박힌 사고'라고 하면 일반적으로 모든 일을 형식에 맞춰 처리하는, 독창성이나 창조성과는 정반대인 모습이 떠오릅니다. 그런데도 틀이 중요하다니, 대체 어떤 의미일까요?

사실 '사고의 틀'과 '틀에 박힌 사고'는 전혀 다른 얘깁니다. 예를 들어 '틀에 박힌 사고'라고 하면 '남자는 밖에서 일하고, 여자는 집안을 돌본다' 같은 구태의연한 사고방식을 가리키는데, 여기서 문제는 생각의 내용이 '찍어 낸 듯이 획일화'되었다는 점입니다.

이에 반해 프랑스 철학 교육이나 바칼로레아 철학 시험에서 가르치고자 하는 사고의 틀은 다양한 의견을 표현하기 위한 '공통적인 양식'입니다. 즉, '내용'이 아닌 '형식 또는 규칙'인 거죠. 그 형식에 따라 토론하고, 자기 입장을 표명할 수 있게 만드는 것이 목적입니다. 그렇다면 여러 가지 의견을 공통된 틀에 맞춰 표현하면 어떤 장점이 있을까요?

여러 가지 의견을 다양한 형식으로 표명할 때 그 의견을 접하는 사람은 내용은 물론 의견을 표현한 형식까지 이해해야 합니다. 만약 그 형식이 자신에게 익숙하지 않은 형식이라면 내용을 이해하기가 더 어렵습니다. 예를 들어 관료 작문(일본 공문서에서 자주 쓰이는 문장 형식으로, 추상적이고 이해하기 어려운 문장의 대명사 – 옮긴이)이라고 야유받기 일쑤인 공문서 문장 형식은 익숙하지 않은 독특한 표현 때문에, 글의 진정한 의미를 이해하는 데 상당히 애를 써야 합니다.

혹시 그런 의견이 누구나 알고 사용하기 편한 공통의 틀로 표현된다면 어떨까요? 그 틀을 아는 사람은 어떤 부분이 어떤 역할을 하는지, 그리고 그 틀에 맞춰 쓴 주장이 무엇인지, 의견이 어떤 내용인지 이해하기가 상당히 쉬울 것입니다. 그렇기에 틀을 알고 사용할 수 있는 사람을 늘리는 것이 중요합니다. 많은 사람이 공통으로 이해할 수 있는 틀이 있다면 의견을 표현할 때도, 의견을 이해할 때도 그 틀을 사용하게 되겠죠.

결과적으로 이 틀은 다양한 의견을 이해하고, 때때로 동의하거나 또는 반론하는 건전한 의견 표출의 장을 만들 것입니다. 이처럼 의견을 표출할 수 있는 능력을 갖춘 사람을 시민이라 부릅니다. 특히 민주주의 사회에서는 이러한 토의의 장이 꼭 필요합니다. 문제는 이 같은 틀을 배운 사람을 늘리는 방법입니다. 프랑스는 이를 해결하기 위해 철학 교육을 시행하고 있는 것입니다.

# 주변에서 볼 수 있는 틀의 사례

물론 이러한 틀을 배우기 위해 철학을 배워야만 한다는 것은 아닙니다. 우리가 일상적으로 보는 것, 예를 들어 신문 지면은 제목, 헤드라인, 본문처럼 문장의 중요도를 시각적으로 나타내는 체계를 갖고 있습니다. 이 역시 하나의 틀입니다. 이 같은 체계가 갖는 장점은 무엇이 중요한지, 무엇을 주장하고 있는지를 한눈에 파악할 수 있다는 점입니다.

예를 들어 신문사는 제목의 크기나 배치 등에 따라 뉴스의 중요성을 한정된 지면에서 표현합니다. 시간이 없다면 제목만 훑어봐도 그날 지면에서 다루는 뉴스의 대략적인 분위기를 파악할 수 있습니다. 이는 분명 긴 시간에 걸쳐 만들어진 신문 지면의 구성과 그 의미 조합이 하나의 틀로서 많은 사람에게 공유되어 왔기 때문입니다.

또 다른 예시로 학술 논문의 구성은 분야에 따라 다르지만, 형식이 어느 정도 결정되어 있습니다. IMRaD형이라고 불리는 논문 형식은 서론, 방법, 결과, 고찰(Introduction, Method, Result and Discussion의 머리글자를 따서 IMRaD라고 합니다)이라는 요소로 구성됩니다. 각 부분에서 무엇을 어떻게 써야 할지 정해져 있기 때문에 같은 분야의 연구자는 그 논문의 목적이 무엇이고, 어떻게 결과를 얻었는지, 그 의의가 어디에 있는지 더 쉽고 적확하게 이해할 수 있습니다.

프랑스 바칼로레아 철학 시험도 이처럼 틀에 따라 주장을 정리할 수 있는 능력을 평가합니다. 그리고 이 틀에는 확실한 장점이 있습니다. 바로 자신의 주장과 대립하는 반대 의견에도 타당한 근거를 확실하게 표시하고, 반론해야만 한다는 것입니다.

신문 같은 미디어에서는 대부분 대립하는 의견이 있으면 양쪽 의견을 모두 게재합니다. 어느 한쪽이 옳다고 할 때는 과학적 근거가 명확하거나, 회사의 입장이 확실한 경우를 제외하고는 단언하지 않는 경우가 많습니다. 미디어가 개인의 의견 표명을 위한 장이 아닌 만큼 그런 일이 당연한지도 모르겠습니다.

학술 논문은 자신과 다른 입장이나 주장에 대해 각각의 분야에서 고유한 방법으로 검토합니다. 선행 연구에서 불충분했던 점을 표기하거나, 또는 선행 연구와 비교를 통해 논문의 고유성을 명확하게 밝힙니다. 그러나 연구의 흐름을 바탕으로 대립 의견의 문제점을 지적하거나, 그것을 뛰어넘는 논문을 전개하기 위해서는 오랜 훈련이 필요합니다. 아무나 학술 논문을 쓸 수 있는 것이 아닙니다.

## 당연함을 의심하기 위한 틀을 가르치는 철학 교육

철학 교육을 받고 바칼로레아 철학 시험을 치른 많은 프랑스 고등학생은 이어지는 고등 교육을 통해 전문 지식을 배운 후 사회로 진출합니다(고등 교육에서의 중도 탈락률이 높은 편). 여기서 철학 교육은 사물을 비판적으로 보는 시각을 키워 줍니다. 이는 특히 우리가 당연하다고 생각했던 것이 실제로도 맞는지 의심할 때 효과를 발휘합니다.

'당연함'을 의심하는 데는 대립하는 두 입장 모두를 천천히 검토하고, 거기서 해결책을 찾는 방법을 배우는 것이 효과적입니다. 이처럼 기존 질서를 의심하는 일이야말로 혁신을 만들어 내는 출발점이 되기도 합니다.

반대 의견을 존중하고 최대한 이해한 다음, 자기 입장이 정당함을 주장하는 절차는 특히 중요합니다. 정책을 입안할 때를 생각해 봅시다. 정치인의 성향이나 집단 분위기에 휩쓸려 의사를 결정하거나, 처음부터 예정된 결론을 뒷받침하는 데이터만을 근거로 사용한다거나, 원래 데이터가 없었다고 하는 사례도 종종 보았습니다. 이처럼 의사결정을 허술하게 하는 이유 중 하나는 반대 의견도 합리적인 의견이며, 무시해서는 안 된다는 지적·도덕적 태도가 결여되어 있기 때문입니다. 물론 철학 교육이 이러한 문제를 즉시 해결하지는 못합니다. 그러나 프랑스에는 이러한 이념과 원칙이 있으며, 이에 기초하여 지속적으로 교육하는 모습은 우리의 귀감이 됩니다.

다시 설명하겠지만, 프랑스에서도 이러한 철학 교육의 목표가 충분히 이루어졌다고 보기는 어렵습니다. 철학과 실천 사이에 괴리가 존재하며, 모든 사람이 전부 학교에서 철학적 사고를 익힐 수 있는 것도 아닙니다. 원래 철학을 배우지 않고 학업을 마치는 사람도 있고, 성인이 된 후 프랑스에 간 사람도 많습니다. 그렇기 때문에 많은 이들이 어떤 의미에서는 철학과 어느 정도 거리가 있을 수밖에 없는 겁니다.

물론 이것이 철학이 사회에 미치는 영향이 없다는 것을 의미하지는 않습니다. 오히려 현실과 이념 사이에 괴리가 존재하기에, 다시 철학으로 돌아가 방향성을 검토해 볼 수도 있지 않겠습니까. 철학 교육은 이처럼 계속해서 우리에게 숙고의 기회를 제공해 줄 것입니다.

## 이 책의 구성

이 책에서는 가장 먼저 사고의 틀이 어떤 것인지 소개합니다. 그 다음에는 서두에 이야기한 세 가지 문제에 답하는 방법을 상세하게 설명하면서 우리가 어떤 방식으로 이 틀을 배우고, 활용할 수 있을지 살펴보겠습니다.

1장에서는 프랑스 철학 교육과 바칼로레아 철학 시험에 대해 소개합니다. 다음 2장에서는 바칼로레아 철학 시험에서 중요하게 여기는 사고의 틀을 전체적으로 살펴봅니다. 3장에서는 사고의 틀을 구성하는 요소, 즉 문제의 주제, 형식 식별, 용어 정의, 가능한 답안 열거, 질문 분석, 구성안 작성 등을 상세하게 설명합니다. 4장에서는 서두에서 언급한 세 가지 문제에 답하는 데 필요한 철학자들의 핵심적인 주장을 소개합니다. 그리고 5장에서 앞의 세 가지 문제를 해결하는 과정을 예시로 삼아, 실제로 사고의 틀을 사용하는 방법을 구체적으로 살펴봅니다. 여기까지가 사고의 틀 기본 편입니다.

세 가지 문제에서 다루는 노동, 기술, 자유, 권리, 정의와 같은 개념은 프랑스 철학 문제 중에서도 반복해서 출제되는 주제입니다. 물론 철학 교육의 모든 것을 망라한 것은 아니지만, 1장에서 설명하는 다른 주제와도 밀접한 관계를 맺고 있습니다. 프랑스 철학 교육의 핵심을 파악하기에는 충분하다고 생각합니다. 마지막 장은 응용 편으로, 철학 이외의 분야에 사고의 틀을 적용하기 위해서는 어떻게 해야 할지 살핍니다. 그리고 바칼로레아 철학 시험에서 다루지 않는 형식의 문제에는 어떻게 대답해야 할지도 생각해 봅시다.

이 책을 읽고 난 후에는 바칼로레아 철학 시험을 통해 배우는 사고의 틀이 어떤 것인지 이해할 수 있게 될 것입니다. 이는 민주주의 사회를 살아가는 시민으로서 필요한 '스스로 생각하고 표현하는 능력과 자세'를 기르는 데 큰 도움이 됩니다. 또한 현대 사회가 안고 있는 과제를 검토하기 위한 방책을 끌어낼 수 있다고도 생각합니다. 그럼, 지금부터 이 사고의 틀을 자세하게 살펴봅시다.

· 차례 ·

## 프롤로그

## 1장 · 프랑스 철학 교육

## 2장 · 사고의 틀이란 무엇인가?

## 3장 · 사고의 틀 전체상

## 6장 · 사고의 틀을 응용하다

## 에필로그

*Le Baccalauréat*

1장

프랑스 철학 교육

# 철학을 필수로 배우는 프랑스 고등학생

프랑스에서는 6월 중순이 되면 많은 미디어가 바칼로레아 (Baccalauréat) 시험에 대해 이야기합니다. 바칼로레아 시험은 중등 교육수료자격시험(즉 고등학교졸업자격시험)인 동시에 대학입학자격 시험입니다. 고등학교 교사들이 문제를 제출하고 채점하므로 고등 학교졸업자격시험의 의미가 강한 편입니다.

대학입학자격시험 역할을 한다는 것은 바칼로레아를 취득해야 대 학에 입학할 수 있기 때문입니다. 바칼로레아 보유자는 각 대학의 자 체 입학시험을 치르지 않고, 자신이 희망하는 대학에 입학 원서를 내 면 됩니다(온라인으로 복수의 대학에 원서 제출 가능). 최근 대학 진학 희 망자가 증가하여 원하는 대학에 진학하지 못하는 경우가 늘었지만,

대학 입학을 위한 선발 시험이 없다는 점은 지금도 변함이 없습니다.

그러나 입시가 없다고 경쟁도 없는 것은 아닙니다. 바칼로레아 보유자가 엘리트를 양성하는 고등교육기관인 그랑제콜(Grandes Écoles)에 입학하고자 한다면, 고등학교 졸업 후 추가로 2년간 그랑제콜 입학 준비 기관인 프레파(Prépa)를 다니며 합격을 목표로 공부해야 합니다. 종합이공대학교, 국립행정학원, 고등사범학교와 같은 최고의 그랑제콜에 입학하기 위해서는 프레파에서 공부한 뒤 어려운 입학시험에 합격해야 합니다.

프랑스에서 '수험 전쟁'은 그랑제콜 입학에만 존재한다고 해도 과언이 아닙니다. 프랑스의 엘리트 교육 과정은 매우 혹독합니다. 단, 그 혹독한 선발 과정도 우선 바칼로레아를 취득하고 난 후에 시작됩니다.

## 바칼로레아 시험은 어떤 것인가?

그렇다면 이 바칼로레아 시험은 대체 어떤 것일까요? 2021년 코로나 사태 속에서 치러진 바칼로레아 시험은 이전과 달리 대대적인 개편이 이루어졌습니다. 2018년 9월 입학생부터 고등학교 교육 개혁이 적용되어, 2021년에 처음으로 신규 형식의 바칼로레아 시험을 치르게 되었습니다.

2020년에는 코로나 사태로 인해 대면 시험을 실시하지 않았기 때문에 고교 내신 성적으로 바칼로레아 취득 여부가 결정되었습니다.

따라서 그 전 해인 2019년에 실시된 바칼로레아 시험이 실제로는 가장 마지막으로 치러진 옛 형식의 시험이었습니다.

바칼로레아 시험의 종류는 세 가지입니다. 각각 보통 바칼로레아, 기술 바칼로레아, 직업 바칼로레아입니다. 그중에서도 보통 바칼로레아의 수험생이 가장 많으며, 대부분 대학 진학자는 이 보통 바칼로레아를 취득합니다. 그런 만큼 보통 바칼로레아를 중심으로 내용을 진행하고자 합니다.

2019년까지 진행된 바칼로레아는 고등학교 2학년 말에 시행되는 프랑스어 시험을 제외하고, 3학년 종료 시점인 6월에 대부분 과목의 시험이 있었습니다(프랑스의 학년은 9월에 시작하여 6월에 종료하며 7~8월은 방학임).

### 3학년이 치르는 시험

| | 경제사회계열 | 문학계열 | 자연과학계열 |
|---|---|---|---|
| 1일 차 | 철학 4시간 | | |
| 2일 차 | 역사·지리 4시간 | | |
| 3일 차 | 제1현대어(외국어) 3시간 | | |
| 4일 차 | 경제·사회과목 4~5시간 | 문학 2시간 | 물리·화학 3.5시간 |
| 5일 차 | 수학 3시간 | | 수학 4시간 |
| | 제2현대어(외국어 또는 지역어) 2시간 | | |
| 6일 차 | | 예술 3.5시간<br>그리스어 3시간<br>라틴어 3시간 중 택일 | 생명과학·지구과학 3.5시간<br>생태학·농학·농지 3.5시간<br>공학 4시간 중 택일 |

학생은 계열을 선택하고, 수험생은 학교에서도 선택한 계열대로 공부합니다(이 계열 선택은 새로운 형식에서는 폐지됨).

시험은 6일간 치러지는데 시험 시간이 긴 과목은 5시간, 짧은 과목은 2시간이나 걸리는 등 상당히 부담스러운 시험입니다. 이러한 장시간 시험 체계는 오랫동안 문제시되어 왔습니다. 그 이유는 수험생이 과도한 부담을 느낀 나머지, 주입식으로 공부하기 쉽기 때문입니다. 벼락치기로 밤을 새워 공부하면 잊는 속도도 빠르기 마련입니다.

실제 프랑스 대학생의 진급률은 심각한 수준입니다. 프랑스의 학사 과정은 3년제지만, 3년 만에 학사를 취득하는 학생은 40퍼센트 미만입니다. 한 번 유급한 학생을 포함하더라도 50퍼센트를 갓 넘는 정도이며, 의학부를 포함한 2학년 진급률은 10퍼센트에 불과합니다. 입학시험이 없는 대신, 대학 입학 후에 학생들이 걸러진다고 볼 수 있는 거죠.

이런 상황이 바칼로레아를 취득해도 대학에서 공부하기에는 실력이 미흡하다는 의견으로 모아졌고, 교육 제도 개혁의 계기 중 하나로

| 예술 | 수학 |
|------|------|
| 생물학·생태학 | 정보과학 |
| 역사·지리·지정학·정치학 | 물리학·화학 |
| 인문학·문학·철학 | 생명과학·지구과학 |
| 외국어·외국문학·외국문화 | 공학 |
| 고대문학·언어·문화 | 경제학·사회학 |

작용하였습니다. 개혁안이 결정될 때까지 우여곡절이 많았지만, 전체적인 방향성은 고등학교 생활의 마지막 시험 하나만으로 바칼로레아 취득 여부를 결정하지는 않겠다는 부분이었습니다. 고등학교 생활 동안의 노력을 종합 평가하겠다는 목표하에 많은 과목의 시험을 조기에 실시하는 한편, 내신 성적도 평가에 포함했습니다.

추가로 자신의 흥미나 관심사, 그리고 희망 진로에 따라 학습법을 융통성 있게 선택할 수 있도록 변경하였습니다. 그 결과 1993년부터 경제사회계열, 문학계열, 자연과학계열로 나누던 계열 선택 제도가 폐지되었습니다. 고등학교 2, 3학년 학생은 공통과목을 이수하는 한편, 각각의 흥미와 관심사, 진로에 따라 전공과목을 선택할 수 있게 되었습니다. 필수 과목은 프랑스어(2학년), 철학(3학년), 역사·지리, 외국어, 과학, 체육, 도덕·시민 교육 등입니다. 전공과목은 왼쪽 표에서 볼 수 있듯 꽤 다양합니다.

2학년은 3개 과목을 선택하고, 과목별로 주 4시간 수업을 받습니다. 3학년이 되면 2학년 때 선택한 3개 과목 중에서 2개 과목을 선택하고, 과목별로 6시간을 배워야 합니다. 계열 선택을 폐지하는 대신 전공과목을 선택하게 하여 학생의 관심사나 진로에 맞춰 학습하게 만드는 것이 개혁의 목적입니다.

과연 이 개혁을 통해 개인의 흥미에 맞춘 진로 선택이 가능하게 되었을까요? 우수한 학생이나 가족, 친지 중에 고학력자가 있어서 충분한 조언을 받을 수 있는 학생은 본인이 원하는 미래상에 적합한 선택을 할 수 있을지도 모릅니다. 그러나 그렇지 않은 학생은 선택의 자유가 불이익으로 작용할 수도 있습니다. 이처럼 선택 능력이 없는 학생에게는 오히려 개혁 전의 계열별 수업 방식이 긍정적인지도 모릅니다.

개혁 전 바칼로레아는 3학년 때 치르는 단 한 번의 시험으로 모든 것이 결정되었지만, 개혁 후에는 그 형태가 크게 바뀌었습니다. 바칼로레아 성적은 이전까지 체육 5퍼센트만 내신으로 반영되고 그 외에는 시험으로 결정되었지만, 개혁 후부터는 다른 과목을 포함한 40퍼센트가 고등학교 성적에 따라 산정되는 내신으로 평가됩니다. 나머지 60퍼센트가 시험에서 결정되는 것입니다. 2학년 때 시험을 보는 프랑스어, 3학년 때 선택하는 전공 2과목 시험, 철학, 그리고 전공과목에 대한 구술시험이 포함됩니다.

그중에서 개혁 전과 동일하게 3학년 6월에 실시하는 시험은 철학과 전공과목 구술시험뿐입니다. 철학 필기시험 종료 후 약 1주일 후에 구술시험을 치르는 일정입니다.

2019년까지 철학은 항상 바칼로레아 시험 중 가장 처음으로 치러지는 과목이었습니다. 그러다가 2021년부터는 마지막에서 두 번째에 치르는 과목으로 변경되었습니다. 과연 학생들이 시험 날까지 집중력을 유지하며 공부할 수 있을지, 지금까지 하지 않았던 걱정이 생겨났습니다. 그러나 2021년에는 코로나 사태로 인해 바칼로레아 시험 성적과 고등학교 내신 성적 중 좋은 쪽을 선택하게 하는 변형된 방법으로 바칼로레아 합격을 판단했기 때문에, 이러한 변화가 어떤 영향을 미쳤는지는 아직 확인할 수 없습니다.

# '바칼로레아의 대명사'는 철학

개혁으로 인해 시험 방식에 변화가 생겼지만, 철학 시험은 2022년에도 변함없이 주목을 받았습니다. 시험 시작 1시간 후에는 그해의 문제가 여러 미디어에서 보도되었습니다. 아래 내용은 2021년 보통 바칼로레아 철학 문제입니다.

1. 토론은 폭력을 포기하는 것인가?
2. 무의식은 모든 형태의 의식과 무관한가?
3. 우리는 미래에 대한 책임이 있는가?
4. 에밀 뒤르켐의 《사회분업론》(1893년) 발췌문을 설명하시오.

1번에서 3번까지는 디세르타시옹(Dissertation, 프랑스 고등학교나 대학에서 쓰는 소논문-옮긴이)이라고 불리는 문제 형식이며, 이 질문에 대해 논술 형식으로 답해야 합니다. 4번은 텍스트 논평 문제로, 철학서에서 발췌한 15줄에서 20줄 정도의 텍스트에 대해 그 구조와 내용을 적절하게 해설해야 합니다. 시험 시간은 4시간입니다.

대체 무엇을 어떻게 하면 고등학생들이 이런 문제에 답할 수 있냐는 의문의 목소리가 들려오는 듯합니다. 한 문장으로 출제되는 디세르타시옹의 문제 형식에 놀라는 분도 많겠죠. 문제에 답하는 방법에 대해서는 2~3장에서 상세하게 설명하겠지만, 이렇게 언뜻 손대기도 어려워 보이는 문제 형식에도 문제 풀이의 정석이 있습니다. 잘하는 학생은 문제를 보자마자 필요한 작업을 시작할 수 있습니다. 그러나 여기서 우선 말해 두고 싶은 것은, 프랑스 고등학생들이 시험 당일 처음 보는 유형의 문제를 푸는 것은 아니라는 점입니다.

프랑스 고등학생은 고등학교 3학년 1년 동안 필수 과목으로 철학을 배우며, 매주 4시간씩 수업을 받습니다. 더욱이 학생이 '인문학, 문학, 철학'과 같은 수업을 선택하면, 고등학교 2학년 때 4시간, 3학년 때 6시간이나 철학과 관련된 수업을 듣습니다. 이처럼 프랑스 고등학생은 수업에서 철학적인 주제나 개념에 대해 배우는 한편, 디세르타시옹이나 텍스트 논평에 답하는 방식을 배웁니다. 따라서 한 문장으로 이루어진 문제의 배후에는 1년 동안 받은 교육의 성과를 보여 달라는 출제자의 메시지가 감춰져 있다고 할 수 있습니다.

## 철학 교육의 17가지 개념

| 예술 | 행복 | 의식 |
|------|------|------|
| 의무 | 국가 | 무의식 |
| 정의 | 언어 | 자유 |
| 자연 | 이성 | 종교 |
| 과학 | 기술 | 시간 |
| 노동 | 진리 | |

## 철학자 리스트

| 시대 | 철학자(저자) |
|---|---|
| 고대·중세 | 소크라테스 이전의 철학자들, 플라톤, 아리스토텔레스, 장자(莊子), 키케로, 루크레티우스, 세네카, 에픽테토스, 마르쿠스 아우렐리우스, 나가르주나, 섹스투스 엠피리쿠스, 플로티노스, 아우구스티누스, 아비센나, 마이모니데스, 토마스 아퀴나스, 오컴의 윌리엄 |
| 근대 | 마키아벨리, 몽테뉴, 베이컨, 홉스, 데카르트, 파스칼, 로크, 스피노자, 말브랑슈, 라이프니츠, 잠바티스타 비코, 버클리, 몽테스키외, 흄, 장 자크 루소, 디드로, 콩디야크, 애덤 스미스, 칸트, 벤담 |
| 현대 | 헤겔, 쇼펜하우어, 콩트, 쿠르노, 포이에르바하, 알렉시스 드 토크빌, 밀, 키르케고르, 마르크스, 엥겔스, 윌리엄 제임스, 니체, 프로이트, 에밀 뒤르켐, 베르그송, 에드문트 후설, 막스 베버, 알랭, 마르셀 모스, 버트런드 러셀, 야스퍼스, 가스통 바슐라르, 하이데거, 비트겐슈타인, 발터 벤야민, 칼 포퍼, 장켈레비치, 요나스, 아롱, 장 폴 사르트르, 한나 아렌트, 에마뉘엘 레비나스, 시몬 드 보부아르, 레비스트로스, 메를로퐁티, 시몬 베유, 잔 허쉬, 폴 리쾨르, 엘리자베스 앤스콤, 머독, 존 롤스, 질베르 시몽동, 미셸 푸코, 힐러리 퍼트넘 |

## 표현

| | | |
|---|---|---|
| 절대적/상대적 | 추상적/구체적 | 현실태/가능태 |
| 분석/종합 | 개념/이미지/비유 | 우연적/필연적 |
| 믿다/인식하다 | 본질적/우유적 | 사례/증거 |
| 설명하다/이해하다 | 사실상/권리상 | 형상적(형식적)/질과적(물질적) |
| 류/종/개체 | 가설/결과/결론 | 관념적/현실적 |
| 동일/평등/차이 | 불가능/가능 | 직관적/논증적 |
| 합법적/정당한 | 간접적/직접적 | 객관적/주관적/간주관적 |
| 의무/제약 | 기원/기초 | 진정한/뚜렷한/확실한 |
| 원칙/원인/목적 | 공적/사적 | 유사/비교 |
| 이론/실천 | 초월적/내재적 | 보편적/일반적/개별적/개인적 |
| (논리적으로)설득하다 | (감정적으로)설득시키다 | |

## 고등학생은 어떤 '철학'을 배울까?

이제 프랑스 고등학생이 어떤 내용을 배우는지 살펴보겠습니다. 철학 교육의 내용은 일본의 학습지도요령(学習指導要領, 일본 문부과학성이 고시하는 초중등 교육과정의 기준으로 한국의 교육과정 성취 기준과 유사함 – 옮긴이)처럼 '고등학교보통과 최종 철학프로그램'으로 정해져 있습니다. 교과서가 없고 가르치는 방법도 교원의 재량에 맡기지만, 32쪽과 33쪽의 표에서 볼 수 있듯이 개념, 철학자(저자), 개념 표현은 꼭 가르쳐야 합니다.

이처럼 '배우는 내용'은 세세하게 정해져 있습니다. 이러한 개념이나 철학자(저자)에 대해 따로따로 배우는 것이 아니라, 어떤 저자가 쓴 1권의 철학서(전체 또는 일부)를 교재로 선택하고 거기에 나타난 개념과 개념 표현를 융합하여 배울 수도 있습니다. 반대로 하나의 개념과 관련된 철학자들의 저서를 계통적으로 배우기도 합니다.

그렇게 배워가면서 디세르타시옹을 쓰는 법이나 텍스트 논평의 방법에 대해 개별 첨삭 등을 받으며 천천히 이해할 수 있게 됩니다.

## 철학 교육은 '철학자를 육성하기' 위한 것이 아니다!

바칼로레아 철학 시험은 1년 동안의 학습 성과를 평가하는 시험이며, 질문에 대해 임기응변을 활용한 대답을 원하거나 글을 쓰는 재능을 평가하지 않습니다. 답하는 방법도 엄밀하게 정해져 있습니다. 그 것은 특히 디세르타시옹 풀이법을 통해 명확하게 알 수 있습니다. 이 디세르타시옹의 풀이법이 바로 이 책에서 사고의 틀이라고 부르는 것입니다.

사고의 틀은 학교에서 배웁니다. 바칼로레아 철학 시험에서는 학 생들이 이 사고의 틀을 얼마나 확실하게 익혔는지를 평가합니다. 즉, 가르치고 배우는 것이 가능하다는 말입니다.

사고의 틀이 어떤 것인지를 알고 배운다면, 프랑스 고등학생이 아 니더라도 바칼로레아 철학 시험 문제에 어떻게 답해야 할지 알게 됩 니다. 이에 더해 사고의 틀이 철학 시험에만 도움이 되는 것이 아니 라는 점도 알 수 있습니다.

## 정말 프랑스 사람은 모두 철학을 잘할까?

또 한 가지 자주 오해받는 부분에 대해 살펴보죠. 그것은 '고등학 교에서 철학이 필수인 만큼, 프랑스 사람은 모두 철학을 잘한다'라는 오해입니다.

고졸인정시험에 철학 과목이 있다고 하면, 철학에서 어느 정도 성 적을 받아야 합격할 수 있으니 프랑스 사람은 모두 철학을 잘하겠다 고 생각할지도 모릅니다. 그러나 실제로는 그렇지 않습니다. 두 가지 근거를 들어 설명해 보겠습니다.

첫째는 바칼로레아의 채점 시스템입니다. 보통 대부분의 프랑스 철학 시험은 20점 만점으로 채점합니다. 바칼로레아 역시 마찬가지입니다. 각 과목이 20점 만점으로 채점되며, 10점 이상이면 합격입니다.

20점 만점으로 채점되는 복수의 바칼로레아 과목은 각각의 과목에 미리 정해진 계수를 곱한 후, 20점 만점으로 평균점을 산출합니다. 이 평균점이 10점 이상이면 바칼로레아를 취득할 수 있습니다. 즉, 득점 교과에서 좋은 성적을 받는다면 몇 가지 과목에서 10점 미만을 받아도 평균 10점을 넘기 때문에 합격할 수 있습니다.

많은 수험생이 철학을 어려워합니다. 조금 오래된 데이터이지만, 2002년부터 2004년까지 교육부 장관을 역임했던 철학자 루크 페리(Luc Ferry)와 철학자 알랭 르노(Alain Renaut)가 1999년에 출간한 저서에 따르면, 바칼로레아 철학 시험의 평균 점수는 20점 만점에 7점이었다고 합니다. 보통 바칼로레아에서는 철학 시험 답안의 47퍼센트가 7점 이하, 그리고 71퍼센트 이상의 답안이 10점 미만이라고 합니다(7점은 문제나 문제 문장을 이해하지 못하는 수준입니다). 결국 철학 시험 성적만 놓고 보면 프랑스 고등학생의 7할 이상은 철학을 '못한다'고 할 수 있습니다.

두 번째 이유는 합격자 수와 관련이 있습니다. 코로나 사태 전인 2019년에 실시한 바칼로레아 시험 합격자의 동연령 인구 비율은 69.7퍼센트입니다. 그중 보통 바칼로레아가 42.5퍼센트, 기술 바칼로레아가 16.4퍼센트, 직업 바칼로레아가 20.8퍼센트였습니다. 보통 바칼로레아와 기술 바칼로레아의 대부분은 철학이 필수입니다(기술 바칼로레아의 음악·무도 계열에서는 철학이 필수가 아니지만, 합격자는 기술 바칼로레아 전체의 2퍼센트 정도입니다). 즉, 동연령 인구 중 겨우 59퍼센트만 철학을 공부한다는 의미입니다.

그러나 앞에서도 말한 것처럼 철학 답안의 7할 이상은 합격점을 받지 못합니다. 1999년 이야기이기는 하지만, 그 후에도 철학 시험의 내용이나 평가에는 변화가 없었기 때문에, 지금도 거의 비슷할 것입니다(동연령 인구의 수험생 비율은 증가하고 있으므로 어쩌면 더욱 악화했을지도 모릅니다). 그렇게 보면 59퍼센트의 약 3할, 즉, 18퍼센트만이 '철학을 잘하는' 사람인 것입니다.

## 역시 철학은 어렵다

프랑스에서 만난 사람 중에서도 철학을 어려워하는 사람이 많다고 느꼈습니다. 물론 철학과 학생은 당연히 '철학을 좋아하는 사람'이었고, 타 전공 학생 중에서 철학서 읽기가 취미인 사람도 있었습니다. 철학을 전공으로 삼지 않는 성인 대상 철학서나 일반인 대상 강연회도 성황이었습니다. 철학이 '전통'이자 '문화'로서 선명하게 뿌리를 내리고 있는 거죠. 반면에 '존경스럽지만 거리감을 느끼는' 사람도 꽤 있었습니다. 고등학교 철학 수업이 어려웠다, 선생님과 소통이 어려웠다 같은 다양한 이야기를 들을 수 있었습니다. 하지만 철학은 '어렵지만 중요한 것'이라는 공통적인 이해가 저변에 깔려 있음을 느꼈습니다.

10년 동안 프랑스에서 생활하면서 철학 박사를 취득했는데요. 철학 논문을 쓰는 약 7년이라는 시간은 참 길고 힘들었습니다. 그런데도 사회 전반에 철학에 대한 일종의 존경이 있던 덕분에 조용히 집중할 수 있었고, 끝까지 해낼 수 있었다고 생각합니다.

일본에서 "철학 박사 논문을 쓰고 있다."라고 말하면, "어디에 써먹게?"라는 질문을 받거나, 종종 이상한 사람 취급을 받기도 하는데, 프랑스에서 똑같은 말을 하면 "굉장하다! 존경스럽다!" 같은 긍정적인 반응이 돌아온다는 점이 감사했습니다.

사실 유학의 기회를 얻은 것은 프랑스의 한 대기업 장학금 덕분이었습니다. 그리고 와인으로 재산을 형성한 한 가문에서 대학 철학연구센터에 지원해 준 장학금이 있었기에 유학 생활의 마지막 1년간 박사 논문에 집중할 수 있었습니다. 이처럼 기업과 재계인이 철학 연구에 자금을 지원한다는 점에서도 프랑스 사회가 가지는 철학에 대한 태도를 엿볼 수 있습니다.

그렇다고 해도 프랑스에서 박사 논문을 쓰는 것이 즐겁다는 이야기는 절대 아닙니다. 티펜느 리비에르(Tiphaine Rivière)가 출간한 《박론일기(博論日記, 원제 Carnets de thèse)》에서는 카프카에 대한 박사 논문을 쓰는 주인공의 우울한 생활을 실감 나게 그려 냈습니다. 읽는 내내 "맞다, 맞아!"하며 공감하는 한편, '나는 외국인이기 때문에 그나마 편한지도 모르겠다'라며 프랑스에서의 생활을 돌아보는 계기가 되었죠.

본론으로 돌아가겠습니다. 분명 많은 프랑스 사람이 철학을 배우지만, 그것은 '철학을 잘한다'는 것과는 다릅니다. 바칼로레아 철학 시험의 성적을 통해 밝혀졌듯 많은 프랑스 사람은 철학을 잘하지 않습니다. 그 이유가 문제 탓인지, 채점 탓인지, 아니면 다른 원인이 있는지는 알 수 없습니다.

그런데도 철학은 프랑스 교육에서 중요한 위치를 차지하고 있습니다. 그 이유는 무엇일까요? 그 이유를 알게 되면 사고의 틀을 배우는 것이 우리에게도 도움이 되는지를 확인할 수 있을 것입니다.

## 철학을 배우면 어떤 능력을 익힐 수 있을까?

프랑스의 고등학생은 왜 철학을 배울까요? 철학 교육의 목적과 방법, 내용에 대해서는 앞에서 '개념, 저자, 개념 표현'을 소개할 때 언급했듯이 '고등학교보통과 최종 철학프로그램'을 통해 알 수 있습니다. 이 프로그램에 기술된 내용을 참고하여, 철학 교육의 목적을 간단하게 확인해 보죠. 고등학교 3학년 학생이 1년 동안 배우는 철학 교육은 초등 교육과 중등 교육을 종합적으로 정리하는 역할을 합니다. 학생은 철학이라는 유럽의 전통적인 지성 학습을 통해 판단력을 갈고닦아, 초보 수준의 철학적 교양을 익히는 것이 목적입니다.

철학 교육이 초중등 교육의 종합적인 정리 역할을 하는 만큼, 그때까지 배운 문학적·예술적 교양이나 과학적 지식, 역사적 인식과 같은 지식이 바탕이 됩니다. 즉, 그때까지 다양한 교과에서 배운 지식을 철학이라는 틀 안에서 재구성하는 것입니다. 거기서 프랑스어가 필요 불가결한 도구라는 점은 말할 필요도 없겠죠. 문법 실수가 없어야 하는 것은 물론이고, 단어나 표현에 이르기까지 모두 평가의 대상이 됩니다.

철학 교육은 어떤 능력을 기르기 위한 것일까요? 최종 목적은 '의문을 품고, 진리를 탐구하기 위해 배려심과 분석력, 자립적인 사고'를 키우는 것입니다. 이를 위해 철학 교육은 학생이 고등학교 3학년까지 배운 지식을 종합하는 한편, 철학이라는 복잡한 지성을 활용하여 학생의 능력을 함양하려고 합니다.

기본적인 목적은 아래 다섯 가지 능력을 기르는 것입니다.

1. 학생이 자기 생각이나 지식을 검토하여, 그 타당함을 검증할 수 있을 것
2. 곰곰이 생각하지 않으면 대답하기 어려운 복수의 질문을 만들 수 있을 것
3. 하나의 문제에 대해 복수의 시점을 비교 평가하고, 적절한 해결책을 제시할 수 있을 것
4. 근거 있는 주장 및 지식에 기초한 논거를 제시함으로써, 자신이 긍정하는 것과 부정하는 것을 정당화할 수 있을 것
5. 철학 작품 독서, 발췌 학습을 통해 얻은 지식을 적절하게 사용할 수 있을 것

## 시민을 육성하는 철학

무엇 때문에 이와 같은 능력을 함양해야 하는 걸까요? 학생들을

철학 전문가로 만들기 위한 것은 아닙니다. 교육 전체를 총괄하는 부처에 있었던 마르크 셰링엄(Marc Sherringham)은 철학이라는 '도구'를 통해 학생들이 '생각하는 자유'를 획득하고, 시민을 길러 내는 것이 철학 교육의 목적이라고 말합니다.

따라서 고등학생은 철학 교육을 통해 시민에게 필요한 생각하는 힘을 익힙니다. 그리고 그 생각하는 힘은 언어로 표현할 수 있어야 평가를 받을 수 있는 만큼, 표현력을 기르는 것과도 연결됩니다. 철학은 시민에게 필요한 생각하고 표현하는 능력을 길러 줍니다. 철학을 통해 사회에서 살아가는 데 '무기'가 되는 논리적 사고력·표현력을 배울 수 있습니다.

여기에 사고의 틀을 배우면 이 같은 능력을 더욱 성장시킬 수 있습니다. 생각하는 '자유'와 '틀'은 서로 모순되는 것처럼 보일 수도 있지만, 틀이야말로 자유를 부여해 준다는 점을 다음 장부터 함께 살펴봅시다.

*Le Baccalauréat*

2장

# 사고의 틀이란 무엇인가?

## '자유롭게 사고한다'는 것은 어떤 의미인가?

사고의 틀을 익히면, 우리는 자유롭게 사고할 수 있게 됩니다.

'자유롭게 사고한다'는 것은 어떠한 틀에도 맞추지 않고 생각한다는 의미라고 여길 수도 있습니다. 확실히 제약이 없으면 자유롭기는 합니다. '○○하면 안 된다, ○○해야만 한다'와 같은 명령조는 자유가 억압된다는 느낌이 들기도 합니다. 그렇다고 해서 자유가 '마음대로 해도 된다'라는 뜻이라고 생각한다면, 그 또한 곤란합니다. 예를 들어 사회 구성원 모두가 '마음대로 해도 된다'라고 생각하고 행동한다면, 서로 간의 이해가 충돌할 것이 자명합니다.

'자유롭게 사고한다'는 것은 단순한 이해의 대립과는 다른 문제를 초래합니다. 자유롭게 생각하기 시작하면 많은 사람이 지금까지 없었던 새로운 아이디어나 표현을 만들기 위해 노력할 것입니다. 그러나 지금까지 없었던 새로움을 창조하기란 정말 어려운 일입니다.

또한 새로움은 결코 무(無)에서 창조되어 탄생하는 것이 아닙니다.

음악을 예로 들어 보겠습니다. 새로운 곡을 작곡하려면 과거 음악사에서 탄생한 위대한 방법이나 음악 양식을 토대로, 지금까지 창작된 곡과 다른 음악을 만들어야만 합니다. 예를 들어 아놀드 쉰베르크(Arnold Schonberg)가 확립한 12음 기법은 1옥타브 내의 12개 음을 균등하게 사용하는, 그때까지 없었던 작곡 기법입니다. 하지만 이 혁신적인 기법은 과거로부터 축적되어 온 조성 음악과 관련한 다양한 기법을 비판적으로 계승한 성과이기도 합니다.

즉, 새로운 것을 창조하려면 음악이라는 분야에서 그때까지 축적되어 온 성과를 알아야 합니다. 문학이건, 미술이건, 과학이건 모두 같습니다. 과거를 토대로 삼는다는 것은 결코 둘러 가는 것이 아니라 꼭 필요한 절차입니다. 이러한 과거의 유산을 무시하면 모르는 사이에 지금까지 누군가가 해 온 일을 새로운 것이라고 착각하거나(이른바 '바퀴의 재발명'입니다), 분야의 '약속'을 무시하게 되어 누구에게도 이해받지 못하는 것을 창조하게 될 수도 있습니다.

하지만 철학서를 쓰려고 루트비히 비트겐슈타인(Ludwig Josef Johan Wittgenstein)의 《논리 철학 논고》나 바뤼흐 스피노자(Baruch Spinoza)의 《에티카》를 흉내 내거나, 소설을 쓰기 위해 제임스 조이스(James Joyce)의 《피네간의 경야》나 조르주 페렉(Georges Perec)의 《실종》을 그대로 옮겨 쓰면 성공하긴 어렵겠죠.

# 자유와 제약은 대립하지 않는다!

원래 자유란 정말로 제약이 없는 것일까요? 절대 그렇지 않습니다. 제약 안에서도 자유롭게 창조할 수 있습니다. 오히려 제약이 있기에 창조성을 발휘할 수 있는 경우도 있습니다.

단가나 하이쿠(일본의 전통 정형시 - 옮긴이)를 예로 들어 보겠습니다. 이들은 각각 31글자와 17글자로 글자 수가 정해져 있습니다. 심지어 하이쿠에는 계절어를 사용해야 한다는 제약도 있습니다. 이러한 엄격한 조건 때문에 단가나 하이쿠가 창의성이 없는 분야냐고 묻는다면, 결코 그렇지 않습니다. 오히려 제약 덕분에 피어나는 풍요로움이 존재합니다.

사고 역시 이와 같습니다. 독창적인 사고란 내용뿐만 아니라, 그 표현 방법에서도 새로움을 추구해야 하는 걸까요? 내용과 방법이라는 두 가지 측면에서 새로움을 추구하는 것은 오히려 사람들이 이해하기 어렵게 만드는 원인이 되기도 합니다. 때로 전혀 새로운 것은 이해받기까지 긴 시간이 걸리기도 하고, 만약 이해를 얻지 못한다면 아무도 주목하지 않을 수도 있습니다. 물론 많은 사람이 주목하는 유명인이라면 이야기가 다르겠지만, 우리 대부분은 그렇지 않으니까요. 우선 '읽히고 이해받아야' 합니다.

그러기 위해서는 여러 가지 방법이 존재합니다. 자기 사고를 하나의 틀에 맞춰 사용하고, 표현하는 방법을 살펴봅시다.

# 틀에 맞추는 것의 장점

이렇게 생각하는 사람도 있겠죠. 과연 자기 생각을 틀에 맞추는 것이 좋은 일일까? 틀에 맞춰 논의하는 것에 높은 가치가 있을까?

이 틀은 논의의 내용을 결정하지 않습니다. 틀은 논의의 구성을 정하고, 어떤 부분을 어떻게 쓸 것인지를 먼저 결정해 두기 위한 것입니다. 예를 들어 사회보장비 삭감에 찬성하는 입장이건 반대하는 입장이건 같은 틀을 적용하여 의견을 표명할 수 있습니다. 또한 각각의 입장을 지지하는 논거도 논하는 사람에 따라 크게 달라질 수 있습니다.

그런 의미에서 사고의 틀은 자연과학 논문과 비슷할지도 모릅니다. 대부분의 자연과학 분야 논문은 '서론-방법-결론-고찰' 형태(또는 그와 유사한 형태)로 쓰도록 약속되어 있습니다. 특히 영어로 논문을 쓸 때는 논문에 자주 나오는 어휘나 표현을 사용함으로써, 읽는 사람이 가능한 한 이해하기 쉽게 문장을 작성해야 합니다.

그런 의미에서 자연과학 논문은 엄격하게 틀을 따르지만, 내용의 독창성과는 관련이 없습니다. 오히려 틀은 독창적인 아이디어를 가능한 한 많은 사람에게 이해시키기 위한 시스템의 기능을 합니다.

이 책에서 소개하는 사고의 틀 역시 유사한 역할을 합니다. 심지어 사고의 틀은 자연과학 논문의 틀에 비하면 더 넓은 대상을 아우를 수 있습니다. 그 상세한 내용에 대해 살펴보죠.

# '자유롭게 논하시오'의 부자유함

자기 생각을 틀에 맞춰 표현한다는 것에 저항을 느끼는 사람이 있을 수도 있습니다. 한 가지 예를 들어 보겠습니다. 요즘 대학에서는 많이 줄어들었겠지만, 예전의 대학 리포트나 시험에서는 '~에 대해 자유롭게 논하시오'라든가 '~에 대해 아는 것을 기술하시오'라는 문제가 종종 출제되었습니다. 제가 대학생이었던 1990년대 후반에도 이런 형식의 문제가 출제되었던 기억이 있습니다. 그것을 보고 '정말 대학답다'고 감탄했었죠.

그러나 동시에 '정말 대학답다'고 느꼈던 그 문제에는 좀처럼 손을 댈 수가 없었습니다. 왜냐하면 '자유롭게 논하시오'라고 해도, 어떻게 논해야 할지 몰랐기 때문입니다. 그래서 적당한 말을 써 놓고 얼버무리거나, 리포트 제출을 포기하기도 했습니다. 지금 생각하면 근성 없는 학생이었다 싶지만, 가르치는 입장이 되어 보니 문제도 나빴다는 생각이 듭니다.

출제자 입장에서는 '~에 대해 자유롭게 논하시오'와 같은 문제를 내는 쪽이 편합니다. 그렇게 써 두면 학생이 뭔가를 써 오기 때문에 일단 점수를 매기면 됩니다. 그러나 그 '뭔가'가 어떤 것일지는 알 수 없습니다. '~에 대해'라고 주제는 정해져 있습니다. 그러나 주제를 논하는 방법은 '자유롭게'라고 되어 있기 때문에 무엇을 어떻게 써야 하는지 알 수 없습니다.

'그것을 생각하는 게 대학의 공부다'라는 목소리가 들려오는 듯하지만, 요즘의 대학 교육은 20년 전과는 전혀 다릅니다. 이처럼 변화된 대학에서 일하게 된 저 같은 사람은 이런 문제를 출제하는 것이 좋지 않다고 생각합니다.

원래 리포트나 시험은 수업에서 학생이 배운 것을 확인하고, 그것을 토대로 평가하기 위한 것입니다. 그런데 '자유롭게 논하시오' 같은 방식의 문제는 수업 내용과 관계없는 답안을 대량으로 만들어 낼 수 있습니다. 그런데도 문제가 없다면 원래 수업할 필요가 없었고, 처음부터 자유롭게 논하게 하면 되었겠죠.

## 자유롭게 논하고, 아는 것을 기술하시오

'자유롭게 논하시오'와 '아는 것을 기술하시오' 이 두 문제에는 공통적인 문제점이 있습니다. 어떤 문제건, 무엇을 써야 할지 이해하지 못하면 아는 것을 망라하여 나열하게 된다는 점입니다. 조금이라도 관계있어 보이는 것을 쓰면 될 거라고 여기며 답안이나 리포트를 적다 보면 각 요소 간에 관계도 잘 모르면서 어쨌든 생각난 순서대로 자신의 지식이나 기억을 술술 늘어놓기 십상입니다(라고 과거의 저 자신을 돌아보았습니다).

이것만이라면 그나마 다행입니다. 리포트 과제에서 특히 문제가 되는 것은 복사하여 붙여 넣기, 이른바 짜깁기입니다. 웹사이트 등에서 짜깁기하기가 쉬워지면서, '자유롭게 논하시오'나 '아는 것을 기술하시오' 같은 방식의 문제는 출처를 알 수 없는 문장으로 넘쳐 나게 되었습니다. 이는 당연한 결과입니다.

물론 가르치는 사람 입장에서는 명확한 짜깁기나 학생 수준의 지식과 문장 능력을 넘은 표현을 보면 대부분 바로 알아챌 수 있습니다. 또한 짜깁기의 특성상 특징적인 문장을 검색해 보면 그 출처를 밝혀낼 수 있습니다. 실제로 과거에 채점하다가 갑자기 '아무리 질 들뢰즈(Gilles Deleuze)라도 그런 주장은 하지 않았을 것이다'라는 문장이 튀어나와서, '아니, 자네가 들뢰즈를 그렇게 평가하고 있는가? 들뢰즈를 잘 모르는 것 같은데'라며 비꼬았던 적도 있습니다(그 문장은 역시나 개인 블로그에서 복사해서 붙여 넣은 것이었습니다).

이러한 짜깁기 문제는 수업 평가를 방해하는 요소 하나로 끝나는 것이 아닙니다. 짜깁기로 대충 넘기려는 학생은 대학에서 무언가를 배우기보다 당장의 요령으로 학점만 받으려고 하는 경우가 많습니다. 그리고 짜깁기의 출처는 다른 사람의 아이디어입니다. 그것을 마치 자기 것인 양 사용하는 행위는 윤리적으로 허용할 수 없습니다. 대학 시절은 그렇게 넘어간다고 해도, 사회에 진출해서 더 힘든 고난을 직면하게 됐을 때 대체 어떻게 해결할 수 있을까요?

짜깁기는 비단 학생들만의 문제가 아닙니다. 과제를 내는 교원 측도 문제가 있습니다. 짜깁기는 윤리에 반하는, 그리고 경우에 따라서는 법률을 위반하는 표절 행위이며, 이를 통해서 배울 수 있는 것은 아무것도 없습니다. 사실 사고의 틀을 사용하는 아이디어도 '리포트 과제 등에서 짜깁기를 방지하려면 어떻게 해야 할까?'라는 질문에서 출발했습니다. 처음부터 써야 할 내용이나 그 순서가 정해진 틀이 있다면, 어디선가 복사해 온 문장을 활용하려고 해도 쉽지 않을 것입니다. 틀에 필요한 요소가 포함되지 않았다거나, 또는 불필요한 요소가 있는 등의 문제점은 한 번만 읽어도 바로 알 수 있습니다. 물론 그것만을 위해 생각해 낸 것은 아니지만, 짜깁기를 무효화하고, 스스로 생각하는 환경을 만드는 데 도움이 되리라 생각합니다.

정리해 보겠습니다. '자유롭게 논하시오' 같은 방식의 문제는 사실 자유롭지 않습니다. 어떻게 논해야 하는지에 관한 지시가 없으면 사람들은 지금까지의 경험이나 자신의 이상을 바탕으로 논의하려 합니다. 하지만 그 논의가 출제자의 의도와 일치하기 어렵고(원래 의도가 있는지도 불명확합니다), 그 사람이 생각하는 이상적인 문장이 논리적으로 주장을 전개하는 데 적합한지도 확신할 수 없습니다(특히 문학적으로 난해한 문장이야말로 명문이라고 믿는 사람도 있는 듯합니다). '자유롭게 논하라'고 하면 질서보다 혼란이 퍼질 가능성이 높습니다.

그리고 '아는 것을 서술하시오'라는 문제 방식도 마찬가지입니다. 지식을 어수선하게 나열하기만 해서는 결국 어떤 이야기를 하고 싶은지 이해하기 어렵습니다. 중요한 것은 자신이 가진 지식 중 무엇이 필요하고 불필요한지, 그리고 필요한 지식 중에서 특히 중요한 것은 무엇인지, 지식 간에는 어떤 관계가 존재하고 그것을 어떻게 보여 줄 것인지와 같은 부분입니다. '아는 것을 서술하시오'에만 충실하게 답하겠다면 이렇게까지 정성을 들여 쓸 필요가 없습니다.

# 사고의 틀 안에서 자유롭게 사고하라!

이제 '자유롭게 논하시오'와 같은 방식의 문제가 상징하는 '제약의 부재에서 오는 자유'와는 다른, '자유롭게 사고하는 방법'을 소개하고자 합니다.

이는 프랑스 고등학생이 치르는 바칼로레아 철학 시험에서 힌트를 얻어 만들어진 방법이죠. 바칼로레아 철학 시험에서 중요한 것은 논의가 처음부터 정해진 틀에 맞춰 이루어진다는 점입니다. 틀을 맞추지 않으면 자유롭게 자기 생각을 써도 낮은 평가를 받을 수밖에 없습니다.

우선 틀을 배우고, 그 틀 안에서 자기 생각을 표현하는 것이 가장 중요합니다. 바꿔 말하자면 틀을 지키고, 의견이 논리적으로 제시되어 있다면 내용은 어떻든 상관없습니다. 예를 들어 '노동은 우리를 더욱 인간답게 만드는가?'라는 질문에 대해 찬성 입장의 답이든, 반대 입장의 답이든 상관없습니다. '옳은' 의견이나 '유일한 정답'은 존재하지 않으며, 평가의 대상은 오직 논리적으로 결론을 유도하고 있는가입니다.

그런 의미에서 이 사고의 틀은 생각의 표현 방법을 정하되, 내용면에서는 합리적이기만 하면 자유를 부여합니다. 틀을 지키기만 하면 자유롭다는 점에서는 앞에서 예로 들었던 하이쿠나 단가, 또는 규칙을 지키면서 진행되는 필드 스포츠 시합 등과도 비슷합니다.

축구 시합을 떠올려 보세요. 세계 공통의 규칙이라는 정해진 틀이 존재하지만, 시합 전개 양상을 보면 어느 하나 똑같은 경기가 없습니다. 즉, 틀에 맞춘다는 것은 자유롭지 않다는 의미가 아닙니다. 오히려 한 가지 제약을 부과함으로써 우리가 더욱 자유롭게 생각하게 된다고 말할 수 있습니다. 이제 이 사고의 틀이 어떤 것인지 구체적으로 알아봅시다.

## 사고의 틀, 구성 요소 세 가지

프랑스 고등학교 3학년이 치르는 바칼로레아 철학 시험의 소논문, 즉 디세르타시옹 답안 작성법은 명확하게 정해져 있습니다. 예를 들어 바칼로레아 철학 시험용 수험 참고서를 보면 참고서 수준을 막론하고 어떤 책이든 거의 같은 내용이 비슷한 표현으로 쓰여 있습니다.

그 답안 작성법이야말로 틀 자체라고 할 수 있습니다. 넓은 의미에서 이 틀은 문제를 분석하는 방법부터 답을 작성하기까지의 모든 절차를 포함합니다. 좁은 의미에서는 소논문 답안 구성의 형식을 가리킵니다. 좁은 의미의 틀은 세 부분으로 구성됩니다. 바로 '도입-전개-결론'입니다. 도입에서는 주어진 문제를 분석하고, 문제를 복수의 질문으로 변환함으로써 무엇을 어떻게 전개해 나갈지 몇 가지 시나리오를 밝힙니다.

예를 들어 2018년에 출제된 문제인 '욕망은 우리의 불완전함에 대한 표시인가?'에서는 '욕망, 불완전함, 표시'라는 단어가 어떤 의미인지 정의한 다음, '욕망은 어떻게 기능하는가? 욕망에서 비롯된 불완전함은 옳은가?' 등 문제 문장에서 도출한 복수의 질문을 열거함으로써 그 뒤에서 어떤 방식으로 논의를 진행할지 예고합니다.

전개 부분에서는 질문에 대한 각각의 긍정 의견과 부정 의견이 왜 그렇게 주장할 수 있는지 논거 분석을 통해 밝혀갑니다. 앞에서 언급한 예시의 경우에는 각각의 긍정 의견(욕망은 우리의 불완전함에 대한 표시이다)과 부정 의견(욕망은 우리의 불완전함에 대한 표시가 아니다)을 어떤 철학적인 논거에 의해 정당화할 수 있는지, 그리고 각각의 입장에 한계나 문제점은 없는지 등의 포인트에 대해 논의합니다. 또 필요하다면 두 가지 의견을 통합한 제3의 의견에 대해서도 논합니다. 이러한 전개의 구성은 정반합이라는 변증법적 도식을 따르고 있습니다.

결론 부분에서는 전개 부분에서 나온 논의를 요약하고, 문제에 답합니다. 즉, 긍정 의견과 부정 의견 중 어느 쪽을 옳다고 할지, 또는 제3의 의견을 제시할지는 전개 부분의 내용에 따라 다르겠지만, 거기까지 나온 결론을 간단하게 반복하고 문제에 답하는 것이 결론 부분의 목적입니다. 예시로 든 문제라면 '욕망은 우리의 불완전함에 대한 표시이다'라고 결론을 짓거나, 또는 '욕망은 우리의 불완전함에 대한 표시가 아니다'라고 결론을 지을 수도 있고, 또는 두 의견을 통합한 답(예를 들어 욕망은 우리의 불완전함에 대한 표시인 동시에 완전함을 위한 원동력이다) 등을 결론으로 제시할 수 있겠죠.

문제가 어떤 것이든 디세르타시옹에서는 이 틀을 사용하여 답해야만 합니다. 반대로 말하자면 이 틀에서 벗어난 답안은 얼마나 대단한 아이디어를 적건, 얼마나 아름다운 문장을 썼건 낮은 평가를 받을 수밖에 없습니다.

'정말 하나의 틀만으로 모든 문제에 답할 수 있는가' 하고 의문스럽게 생각하는 사람이 있을지도 모릅니다. 물론 대답할 수 있는 문제 형식은 어느 정도 정해져 있으므로 언제 어디서든 이 틀이 유효하다고는 할 수 없습니다. 그러나 바칼로레아 철학 시험의 소논문 문제는 철학의 다양한 영역에 관한 문제를 다루는 만큼, 그런 의미에서는 이 틀 안에서 매우 넓은 범위의 문제에 답할 수 있습니다.

## 사고의 틀, 평가 요소 세 가지

다음으로 이와 같은 틀을 가진 디세르타시옹을 어떻게 평가하는지 조금 자세하게 살펴보겠습니다. 평가 대상은 주로 세 가지 요소입니다.

우선 첫째는 문제 분석입니다. 문제 문장의 용어·개념을 정의하고 분석했는지, 문제에 대해 가능한 답을 열거했는지, 문제를 복수의 질문으로 변환시켜 무엇을 논의해야 하는지를 명확하게 밝혔는지 등을 평가합니다.

둘째는 구성입니다. 도입, 전개, 결론으로 구성하여 작성했는지, 각 부분에 필요한 내용이 서술되어 있는지 평가합니다.

이 두 가지를 확실하게 서술하였다면 충분히 합격점을 받을 수 있지만, 그보다 더 고득점을 노린다면 세 번째 평가 요소에서도 높은 점수를 받아야 합니다. 바로 철학적 논거를 인용하는 것입니다. 디세르타시옹에서는 철학적인 논거를 활용하여 의견을 뒷받침해야 하는 데, 그때 '아리스토텔레스(Aristoteles)에 의하면 ~이다'라고 철학자의 견해를 요약한 형태로 쓰면 안 되고, '아리스토텔레스는《니코마코스 윤리학》제10권 제7장에서 ~라고 서술했다'처럼 정확하게 인용해야 더 높은 평가를 받을 수 있습니다.

여기서 주의할 점은 '아리스토텔레스는 ~라고 했다'가 아닌, 구체적인 작품명과 인용이 게재된 장 번호 등도 자세하게 적어야만 한다는 점입니다. 그리고 인용은 정확해야만 합니다. 이 때문에 1년 동안 특히 중요한 철학자의 인용은 암기할 필요가 있습니다.

그렇다고 해서 책 한 권을 전부 암기해야만 한다는 의미는 아닙니다. 자주 나오는 인용과 그 철학적 의의를 기억해 두는 것만으로 충분합니다(그것도 대단한 일이지만). 그리고 중요한 인용을 모아 둔 참고서도 있으므로, 학생들은 그런 책을 참고하여 중요한 인용을 머릿속에 집어넣으면 됩니다. 그런 의미에서는 철학이라고 해도 '암기 과목'과 비슷한 측면이 있으며, 지성의 번뜩임이나 글재주가 아닌 지속적이고 끈질긴 노력이 필요하다고 볼 수 있습니다.

그렇지만 오직 상급자용 참고서에서만 인용의 중요성을 이야기하는 만큼, 이는 고득점을 노리는 소수의 우수한 학생을 위한 조언입니다. 우수한 학생은 서양에서 교양의 증거로 간주하는 문학작품(특히 시)을 통으로 암기하는 것처럼, 철학자의 한 구절을 암기할 수 있어야 합니다.

# 좋은 답안이란 무엇인가?

앞에서 말한 것처럼 프랑스의 시험은 20점 만점으로 평가되며, 합격점은 10점입니다. 어떤 참고서에서는 이런 평가 기준을 감안하여 바칼로레아 철학 시험의 소논문 성적 평가 목표를 아래의 표와 같이 제시하였습니다.

| | |
|---|---|
| 0-5점 | 주제를 전혀 이해하지 못했으며, 내용이 없다. |
| 6-10점 | 문제를 이해하지 못한다(6-7점).<br>그러나 생각을 정리하는 능력이 엿보인다(8-9점). |
| 11-15점 | 문제를 잘 이해하고 있다.<br>자기 지식을 반복하는 것은 물론, 분석과 논의를 할 수 있다. |
| 16-20점 | 모든 면에서 탁월한 장점을 가진 답안이다(질문의 이해, 구성, 인용의 풍부함 등). |

문제 분석, 논의 구성, 그리고 인용을 더한 답안이 좋은 답안으로 높은 평가를 받습니다. 앞에서 서술한 것처럼 현실에서는 좋은 답안이 그렇게 많지 않지만, 바칼로레아 철학 시험이 어떤 지향점을 추구하는지 잘 알 수 있습니다. 즉, 주어진 문제를 비판적으로 검토하고, 정해진 구성에 맞춰 답하며, 논의를 보충하기 위해 정확한 인용을 활용할 수 있는, 그러한 사람을 길러 내는 것입니다. 이것이 철학 교육의 목적이며, 바칼로레아 철학 시험은 그 달성도를 측정하는 시험입니다.

# 사고의 틀, 사용 방법

앞서 프랑스에서 철학 교육의 중요한 목적은 시민을 길러 내는 것이라고 말했습니다. 그렇다면 틀은 어떤 의미에서 시민을 길러 내는 데 도움이 되는 것일까요?

그것은 문제를 분석하고, 긍정 의견과 부정 의견이라는 두 가지 입장에 대해 논거를 명시하면서 검토할 수 있다는 점에 있습니다. 주제가 중세이건 헌법 개정이건 상관없습니다. 어떤 문제에 대해 논의할 때는 표현이나 개념이 무엇을 의미하는지 정확하게 정의하고, 그것이 어떤 대립을 포함하고 있는지를 밝히는 활동이 선행되어야 합니다. 이를 수행하는 것이 문제 분석 절차입니다.

그리고 긍정 의견과 부정 의견 두 가지 입장을 검토하는 이유는 자기가 어떤 의견을 지지하는지와 상관없이 어느 쪽 의견이건 합리적인 논거가 있다는 것을 전제로 그 근거를 명확하게 밝히기 위해서입니다.

물론 긍정 의견과 부정 의견 쌍방을 충분히 검토하는 문제 분석 절차가 프랑스에서조차도 사회적으로 널리 받아들여진다고 단언하기는 어렵습니다. 특히 정치적인 문제는 정파에 따른 차이나 이해관계, 선입견 등에 의해 판단이 바뀌거나, 극단적인 경우 왜곡되는 일도 종종 생길 수 있습니다.

그러나 현실이 그렇다고 해서 현실의 의사결정 방식을 꼭 수용해야 하는 것은 아닙니다. 오히려 진짜 문제가 무엇인지 분석한 후에 가능한 선택지를 검토하는 절차가 중요합니다. 개념을 이해하고, 그것을 실제로 훈련할 기회를 만드는 거죠. 이런 훈련 기회를 중등 교육에 설계해 둔 프랑스는 적어도 이념상으로는 그 중요성을 인정하고 있는 셈입니다.

요컨대 바칼로레아 철학 시험은 현실 문제와는 조금 거리가 있는 철학적 문제를 생각하게 함으로써 질문을 분석하고 반대 의견을 검토하는 훈련의 장이라고 할 수 있습니다. 그리고 철학적인 문제는 현실과 다른 여러 가지 상황, 때로는 극단적인 상황을 설정하여 생각하는 사람의 지성을 자극하고 함양시킵니다. 심지어 그런 문제가 한 줄의 짧은 문장으로 표현된다는 점이 이 시험의 특징이라고 할 수 있습니다.

다음 장에서는 바칼로레아 철학 시험 문제의 특징과 풀이법을 연습 문제와 함께 상세하게 살펴봅시다.

*Le Baccalauréat*

3장

사고의 틀 전체상

# 수험생은 어떻게 문제를 푸는가?

지금까지 프랑스 철학 교육과 바칼로레아 철학 시험이 어떤 것인지 소개하고, 철학 교육이 시민을 길러 내는 역할을 한다는 것, 그리고 여기서 사고의 틀이 맡은 역할을 살펴보았습니다.

이 장에서는 프랑스 학생들이 철학 교육에서 익히고, 바칼로레아 철학 시험을 통해 평가받는 사고의 틀이 어떤 것인지 상세하게 설명해 보겠습니다.

바칼로레아 철학 시험을 치를 고등학교 3학년 학생을 떠올려 봅시다. 착석 후 시험이 시작됩니다. 지금 시작되는 시험을 통해 지금까지 1년 동안 배운 철학 공부의 성과를 평가받습니다. 시험 문제와 답안 용지가 배부되고, 시험을 개시합니다. 우선 답안 용지에 수험 번호 등을 기재합니다. 이제 4시간에 걸쳐 답안을 작성합니다.

자, 무엇부터 시작해야 할까요? 먼저, 풀어야 하는 문제를 선택합니다. 소논문과 텍스트 논평 문제를 살펴보고, 소논문 문제 중 하나를 선택하기로 했습니다. 그 문제는 '이성이 모든 것을 설명할 수 있는가?'입니다. 이는 2017년 바칼로레아 철학 시험 중 경제사회계열 문제로 실제 출제된 것입니다.

문제를 골랐습니다. 다음에는 무엇을 해야 할까요? 무작정 답안을 써서는 안 됩니다. 그 전에 문제가 어떤 것인지 철저하게 이해해야 합니다. 이 절차를 '문제 분석'이라고 합니다.

문제 분석이 끝난 후에도 바로 답안을 작성하면 안 됩니다. 2장에서 설명한 것처럼, 소논문에는 '도입-전개-결론'이라는 세 가지 부분이 있습니다. 이 구성안을 문장 형태로 만들면 소논문의 답안이 완성됩니다.

문제 분석에서 구성안 작성까지 4시간이라는 시험 시간의 절반, 즉 2시간이 필요하다고 합니다. 결국 남은 2시간은 전반에서 만든 구성안을 다시 한번 답안의 형태로 다듬는 시간입니다. 물론 문장 쓰기도 힘든 작업이지만, 소논문 구성안의 질이 답안 완성도와 직결되는 만큼 결코 전반의 작업을 소홀히 해서는 안 됩니다.

**수험생이 소논문을 쓰기까지 반드시 수행해야 하는 작업**

1. 문제 선택

2. 문제 분석

3. 구성안 작성

이 세 가지 중 문제 분석과 구성안 작성이 중요합니다. 이 두 가지 절차를 어떻게 진행하고, 어떻게 문장으로 써 내려가는지에 사고의 틀이 가진 비밀이 숨어 있죠.

## 문제의 주제를 분석하라

문제 분석에는 몇 가지 단계가 존재합니다.

우선 문제의 주제가 무엇인지 확인해야 합니다. '이성은 모든 것을 설명할 수 있는가?'라는 문제의 주제는 무엇일까요? 1장의 '철학 교육의 17가지 개념'을 떠올려 보면(32쪽 표 참고), 이 문제는 우선 '이성'이라는 개념과 관련이 있을 것으로 보입니다(엄밀하게 말하자면 이 문제는 예전 커리큘럼에서 출제되었지만, 새로운 커리큘럼에 맞춰 생각해 보겠습니다). 그리고 '설명'이 어떤 행위인지 생각해 보면, 어떤 일의 개념을 보통 언어로 표현하므로 '언어'도 관련이 있겠죠. 그리고 설명의 목적에는 무엇이 옳은지를 밝히는 것도 포함되므로, '진리'를 건드릴 필요가 있을지도 모르겠습니다.

물론 고등학생의 머릿속에 이처럼 정리된 개념 리스트가 들어있지는 않겠지만, 수업에서 무엇을 배우고, 어떤 책을 읽었는지를 떠올리며 주제를 분석할 수는 있습니다. 대체로 문제는 확실한 주제를 띠고 있기 때문에 가장 중요한 단계인 주제를 식별하는 것 자체는 그렇게 어려운 작업이 아닐 겁니다.

# 문제의 형태를 분석하라

다음으로 문제 형태를 분석해야 합니다. 문제의 '형태'란 무엇일까요? 사실 바칼로레아 철학 시험에서 제출되는 문제 형식에는 몇 가지 패턴이 존재합니다. 그 패턴만 알면, 어떻게 답할지를 알 수 있습니다. 패턴은 다음과 같습니다. 모두 실제 출제되었던 바칼로레아 철학 시험 문제입니다.

**1. 가능성에 대한 질문 : ~는 가능한가, ~할 수 있는가**

예) 예술이 사회를 바꿀 수 있는가?

**2. 권리에 대한 질문 : ~해도 되는가, ~는 허용될 수 있는가**

예) 정의로운 사람은 법을 어겨도 되는가?

**3. 의무, 또는 필연성에 대한 질문 : ~해야만 하는가**

예) 아름다움과 진리를 분리해야만 하는가?

**4. 어떤 하나의 조건은 목적을 달성하기 위해 충분한 조건인가에 대해 묻는 질문 : ~는 충분한가**

예) 다른 이를 존경하기 위해서는 예의 바른 것만으로 충분한가?

**5. 어떤 설명이 옳은지를 묻는 질문 : ~는 진실인가, ~가 맞는가**

예) 인간은 자신에게 맞는 정부만 가질 수 없다는 것은 진실인가?

이와 같은 질문의 종류는 바칼로레아 시험에서 자주 출제되는 형태입니다. '이성은 모든 것을 설명할 수 있는가?'는 1번의 '~할 수 있는가'라는 질문 종류에 포함됩니다. 물론 이런 형태에서 벗어난 문제도 있습니다. 대표적으로 다음과 같은 질문 형태가 있습니다.

**6. '네, 아니요'의 형태로 대답할 수 있는 질문**

예) 예술가는 자기 작품의 가장 좋은 해설가인가?

**7. 문제 중에 선택지가 제시되는 질문**

예) 종교는 인간을 단결시키는가, 아니면 분열시키는가?

이 두 가지 형식은 앞으로 살펴볼 풀이법을 적용해 볼 수 있습니다. 아래와 같이 '네, 아니요'로 대답할 수 없고, 선택지도 제시하지 않는 문제 형식도 있습니다.

**8. '무엇, 누구, 어떻게, 왜'가 포함된 질문**

예) 타인을 이해한다는 것은 어떤 것인가(무엇인가)?

예술가란 어떤 사람인가(누구인가)?

어떻게 하면 내가 어떤 사람인지 알 수 있는가?

왜 역사의 의미를 탐구해야 하는가?

언어가 우리에게 생각함을 가르친다는 것은 어떤 의미인가?

위와 같은 문제는 과거 바칼로레아 철학 시험에서 자주 출제되었지만, 지금은 그다지 출제되지 않습니다. 이런 문제는 '네, 아니요'처럼 단순하게 대답할 수 없어서 난도가 높아지기 때문입니다.

'네, 아니요'로 대답할 수 있는 질문에는 '네'와 '아니요'라는 대답을 논거와 함께 제시하면 어떤 형태이건 대답이 됩니다. 그러나 '~란 무엇인가'와 같은 질문은 어떤 논거를 적용하고, 어디까지 대답해야 할지 명확하지 않습니다. 따라서 답안을 생각나는 대로 마구잡이로 나열해 작성할 가능성이 높습니다. 이런 답안은 수험생의 능력을 측정하기도 어렵고, 답안이 길고 어수선하면 채점자(고등학교 철학 선생님)가 읽기 어려워서 품도 많이 듭니다.

물론 '무엇, 누구, 왜, 어떻게'와 같은 질문에 대답하는 것은 매우 중요합니다. 그런 문제에 대답하는 방법은 6장에서 다루고, 이 장에서는 우선 조금 더 단순한 1~7번까지의 질문 형태(닫힌 질문이라고 불립니다)에 대답하는 방법을 살펴보겠습니다.

## 문제의 표현을 정의하라

이 장의 서두에서 예로 든 '이성은 모든 것을 설명할 수 있는가?' 문제로 돌아가 보겠습니다. 주제와 문제의 형태는 파악했습니다. 다음에는 무엇을 해야 할까요? 표현(단어, 말, 언어)을 정의해야 합니다.

문제 문장 속에는 '이성'이라는 명사와 '설명한다'라는 동사가 나옵니다. 각 단어가 무엇을 의미하는지 명확하게 정의하지 않으면, 논의할 때 그 단어를 다른 의미로 사용하게 되어 맥락이 통하지 않을 수도 있습니다.

이때 말하는 '정의'가 꼭 사전적 정의일 필요는 없습니다. '이성'과 '설명'이라는 표현은 넓은 맥락에서 사용됩니다. 국어사전의 정의는 그런 다양한 맥락에서 사용하는 최대 공약수와 비슷합니다. 논의에 필요 없는 요소가 포함된 사전적 정의를 인용하는 것은, 결국 논의하고 싶은 것이 무엇인지 이해하기 어렵게 만드는 위험 요소로 작용할 수도 있습니다.

이런 경우, 논의할 때 필요한 우선적 정의를 생각해 두고, 논의를 진행하면서 부족한 부분이나 불필요한 부분을 보충하면 됩니다. 문제에 답할 때 필요한 것은 문제 문장에 나타난 언어의 보편적인 정의를 정하는 것이 아니라, 논의 중에 당장 필요한 정의를 내리는 것입니다. 여기서 언급한 예시에서 '이성'이나 '설명'에 대한 정의를 완벽하게 내릴 필요는 없습니다(원래 그것은 불가능합니다).

우선 이성은 '논리적으로 사고하는 능력', 설명은 '사물이나 일어난 일의 특징이나 성질, 그것을 발생시킨 법칙이나 인과 관계를 밝히는 일'이라고 정의하겠습니다. 논의가 진행됨에 따라 이 정의가 수정되거나, 문제에 답하는 데 충분한 정의로 변화할 수 있습니다.

여기에서도 알 수 있듯 바칼로레아 철학 시험의 소논문을 작성할 때는 전체적인 논리가 일관되었는지, 필요한 요소가 과하거나 부족함 없이 언급되었는지를 확인해야 합니다. 처음부터 무작정 쓰기 시작해서 결론을 내리면 안 됩니다. 이는 리포트나 졸업 논문, 업무에서 사용하는 다양한 문장에도 당연히 적용됩니다.

## 문제에 '네, 아니요'로 대답해 보자

우선 문제 문장의 표현을 정의한 다음에는 무엇을 해야 할까요? 바로 문제에 '네, 아니요'로 대답하는 것입니다. 앞에서 언급된 문제 형태를 수정해 보겠습니다. '무엇, 누구, 어떻게, 왜'가 포함된 문제 외의 모든 문제 형태에 '네' 또는 '아니요'로 대답할 수 있습니다.

예를 들어 '~가능한가'의 예시인 '1. 예술은 사회를 바꿀 수 있는가?'에 대해 '예술이 사회를 바꿀 수 있다' (네), '예술이 사회를 바꿀 수 없다' (아니요)라는 두 가지 대답을 생각해 볼 수 있습니다.

'이성은 모든 것을 설명할 수 있는가?' 역시 마찬가지죠. '이성은 모든 것을 설명할 수 있다' (네)와 '이성은 모든 것을 설명할 수 없다' (아니요)로 대답할 수 있습니다.

'네'와 '아니요', 또는 긍정과 부정이라고 바꿔 말할 수 있는 이 두 대답은 문제의 양극단에 있습니다. 어느 쪽이건 지지할 수 있으며, 아니면 이 두 가지를 통합한 제3의 답을 만들 수도 있습니다. 그러나 '네'와 '아니요'로 문제에 대답해 본 후에야, 제3의 답도 만들 수 있습니다.

즉, 문제에 '네'와 '아니요'로 답한다는 것은 정반대에 있는 두 가지 입장을 생각해 봤다는 의미입니다. 그다음은 각 입장을 정당화하는 논거를 찾아야 합니다. 즉, 어떤 질문에 대한 찬성 의견이건, 반대 의견이건 그 의견을 지지하는 논거를 명확하게 밝혀야 합니다.

이것은 논의를 진행하기 위해 꼭 필요한 절차입니다. 정반대의 두 가지 의견을 검토한 후에 결론을 낸다는 것은 그 결론이 어느 한쪽의 의견만이 아닌, 반대 의견도 검토했다는 사실을 방증합니다. 1장에서 서술했듯이 이는 민주주의 사회를 살아가는 시민으로서 필수적인 자질입니다. 우선은 단순해 보이는 문제에 '네'와 '아니요'로 대답해 보는 것이 그 자질을 기르기 위한 훈련이 될 겁니다. 앞서 '1. 예술은 사회를 바꿀 수 있는가?'에 이어 다음 연습 문제를 풀어 보세요.

**연습 문제**

2. 정의로운 사람은 법을 어겨도 되는가?
네 :
아니요 :

3. 아름다움과 진리를 분리해야만 하는가?
네 :
아니요 :

4. 다른 이를 존경하기 위해서는 예의 바른 것만으로 충분한가?
네 :
아니요 :

5. 인간은 자신에게 맞는 정부만 가질 수 없다는 것은 진실인가?
네 :
아니요 :

**6. 예술가는 자기 작품의 가장 좋은 해설가인가?**

네 :

아니요 :

---

┌─ 해답 예시 ─────────────────────────────────

**2. 정의로운 사람은 법을 어겨도 되는가?**

네 : 정의로운 사람은 법을 어겨도 된다.

아니요 : 정의로운 사람도 법을 어겨서는 안 된다.

**3. 아름다움과 진리를 분리해야만 하는가?**

네 : 아름다움과 진리는 분리해야 한다.

아니요 : 아름다움과 진리는 분리하지 않아도 된다.

**4. 다른 이를 존경하기 위해서는 예의 바른 것만으로 충분한가?**

네 : 다른 이를 존경하기 위해서는 예의 바른 것만으로 충분하다.

아니요 : 다른 이를 존경하기 위해서는 예의 바른 것만으로는 충분하지 않다.

**5. 인간은 자신에게 맞는 정부만 가질 수 없다는 것은 진실인가?**

네 : 인간은 자신에게 맞는 정부만 가질 수 없다는 것은 진실이다.

아니요 : 인간은 자신에게 맞는 정부만 가질 수 없다는 것은 진실이 아니다.

**6. 예술가는 자기 작품의 가장 좋은 해설가인가?**

네 : 예술가는 자기 작품의 가장 좋은 해설가이다.

아니요 : 예술가는 자기 작품의 가장 좋은 해설가가 아니다.

---

자세한 조사 사용 등에는 차이가 있을 수 있지만, 대체로 해답 예처럼 썼다면 괜찮을 것입니다. 문제에 따라 '네, 아니요'로 대답할 때 '이것은 이렇게 생각한다'라거나 '이것은 이렇게 하고 싶다'와 같은 의

견을 제시하는 사람도 있지만, 아직 준비 작업이기 때문에 질문에 가볍게 답하는 것으로 충분합니다.

## 문제의 세부 내용에 주목하라

몇 가지 문제에 '네, 아니요'로 대답했지만, 주의해야 하는 문제도 있습니다. 작은 표현 때문에 '네, 아니요'의 대답 방식이나 문제의 의미 자체가 달라지는 경우입니다. 두 가지 예를 들어 보겠습니다.

### 1. 나는 내가 욕망하는 것을 항상 설명할 수 있는가?

이 문제에서 중요한 것은 '항상'이라는 부사입니다. 이 '항상'이 있을 때와 없을 때는 '네'와 '아니요'의 답이 크게 바뀝니다.

'항상'이 없으면 문제는 '나는 내가 욕망하는 것을 설명할 수 있는가?'가 됩니다. 답하는 방식은 다음과 같습니다.

네 : 나는 내가 욕망하는 것을 설명할 수 있다.

아니요 : 나는 내가 욕망하는 것을 설명할 수 없다.

이 대답 방식이라면 '아니요'의 경우에 나는 내가 욕망하는 것을 전혀 설명할 수 없다는 말이 됩니다. 이것은 꽤 극단적인 생각입니다.

이에 반해 '나는 내가 욕망하는 것을 항상 설명할 수 있는가?'에 대한 답은 다음과 같습니다.

네 : 나는 내가 욕망하는 것을 항상 설명할 수 있다.

아니오 : 나는 내가 욕망하는 것을 항상 설명할 수는 없다.


'아니오' 대답의 의미가 '항상'이 없을 때와는 다릅니다. '항상 설명할 수는 없다'는 것은 설명할 수 있을 때도 있지만, 설명할 수 없을 때도 있다는 말입니다. 이것은 앞에서 나온 '나는 내가 욕망하는 것을 설명할 수 없다'라는 문제의 '아니오' 대답에 비하면 부드러운 편입니다. 그리고 어떤 때에 설명할 수 있고, 어떤 때에 설명할 수 없는지를 논의할 필요가 있다는 점이 드러납니다. '항상'이라는 짧은 단어만으로 답이 바뀌는 거죠.


**2. 역사는 실제로 있었던 이야기에 불과한가?**

여기서 '~에 불과하다'라는 한정 표현이 중요합니다. 이 표현이 없으면 '역사는 실제로 있었던 일인가?'라는 문제가 됩니다. 이 둘은 무엇이 다를까요?


'역사는 실제로 있었던 이야기인가?'라는 질문에 대한 답은 다음과 같습니다.

네 : 역사는 실제로 있었던 이야기다.

아니오 : 역사는 실제로 있었던 이야기가 아니다.


대답은 역사란 실제로 있었던 일인가, 아니면 신화나 픽션처럼 실제와는 다른 어떤 것인가라는 두 가지 입장으로 나뉩니다.

그에 반해 '역사는 실제로 있었던 이야기에 불과한가?'라는 질문에 대한 답은 다릅니다.

네 : 역사는 실제로 있었던 이야기에 불과하다.

아니요 : 역사는 실제로 있었던 이야기에 불과하지 않다.

'네'의 대답은 역사라는 것이 실제로 있었던 이야기에 불과하다고 주장하는 것입니다. 그에 반해 '아니요' 쪽은 역사에는 실제로 있었던 이야기 외의 기능이나 역할이 존재한다고 암묵적으로 주장하고 있습니다. 역사가 실제로 있었던 이야기인지 아닌지를 묻는 것만이 아니라, 그저 실제로 있었던 이야기에 불과한 것이 아니라면 역사란 대체 무엇인가라는 질문에 대답해야 할 것입니다.

'이성은 모든 것을 설명할 수 있다'는 문제에도 주목해야 할 표현이 있습니다. 그것은 '모든 것'입니다. '모든 것'은 무엇을 가리키는 것일까요? 세상에서 일어나는 모든 것인지, 또는 그중 일부 영역에 해당하는 모든 것인지, '모든 것'이라는 단어의 내용에 따라 답하는 내용도 바뀝니다. 반대로 말하자면 '모든 것'이라는 중요성을 놓치면, 문제에 충분한 대답을 할 수 없을 것입니다.

바칼로레아 철학 시험 문제는 짧은 문장입니다. 그러나 거기에 나와 있는 많은 정보를 해석해야 하며, 그 정보를 끌어내는 방법이 있습니다. 이 방법 또한 사고의 틀을 구성하는 중요한 요소입니다.

# 문제를 질문의 집합으로 변환하라

문제에서 정보를 끌어내는 또 하나의 방법을 소개하겠습니다.

문제에 '네'와 '아니요'로 답한 다음에는 어떻게 해야 할까요? 두 가지 답은 같은 문제에 대한 정반대 입장입니다. 문제에 답하는 것은 마땅한 이유에 따라 '네'나 '아니요' 중 한쪽을 선택하거나, 두 가지 입장을 통합한 제3의 답을 만드는 것입니다. '네'와 '아니요'의 두 가지 답은 양립 불가능하니까요.

'이성은 모든 것을 설명할 수 있는가?'라는 문제에 대해 '이성은 모든 것을 설명할 수 있다'와 '이성은 모든 것을 설명할 수 없다'라는 두 가지 답을 끌어낼 수 있습니다. 두 가지는 대립하는 입장이며, 양립할 수 없기 때문에, 어느 쪽이 옳은지 또는 두 쪽 다 옳지 않은지를 결정하기 위해 두 가지 입장을 다양한 관점에서 비교할 필요가 있습니다.

그러기 위해 문제를 복수의 질문으로 '분해'하는 것이 도움이 됩니다. 한 가지 문제의 배경에는 여러 가지 개념과 암묵적인 전제가 숨어 있습니다. 이러한 문제의 전제를 밝혀냄으로써 '네, 아니요'라는 각 입장이 왜 옳은지, 또는 어떤 경우에 옳다고 할 수 있는지 논의해 볼 수 있습니다. 문제를 '분해하는' 것은 이러한 비교를 위한 준비 작업입니다.

그렇다면 구체적으로 어떻게 분해해야 할까요? 거기에는 두 가지 방법이 있습니다. 표현의 정의에 관련된 방법과 '네, 아니요'라는 두 가지 입장의 논점을 명확하게 하는 방법입니다.

첫 번째 방법은 표현의 정의와 관련된 방법입니다. 정의의 중요성은 앞에서도 보았지만, 여기서는 그것을 질문의 형태로 나타내 보겠습니다. '이성은 모든 것을 설명할 수 있는가?'라는 질문에는 '이성이란 무엇인가?' 또는 '설명한다는 것은 어떤 의미인가?'라는 질문이 숨겨져 있습니다. 더욱이 '모든 것'이라는 단어에 주목하면 '모든 것을 설명한다는 것은 어떤 것인가?'와 같은 질문이 나올 수도 있습니다.

두 번째 질문은 '왜, 어떻게, 만약 ~이라면 ~인가?'라는 질문이나 조건의 표현을 사용하여 '네, 아니요'라는 선택지를 비교할 때 단서가 될 만한 질문을 만듭니다. '이성은 모든 것을 설명할 수 있는가?'라는 질문에 대해 '왜, 어떻게, 만약 ~이라면 ~인가?'라는 표현을 사용하여 질문을 만들어 봅시다.

### 1. 왜

이유를 물어보는 질문을 만들 수 있습니다.

예시 문제에서 '왜 이성은 모든 것을 설명할 수 있는가?' 또는 '왜 이성은 모든 것을 설명할 수 없는가?'라는 문제에 '네, 아니요'라는 각각의 입장에 대응하는 질문을 만들 수 있습니다. 이러한 질문을 받은 경우, 논거를 제시하며 두 입장의 정당함을 주장하는 것이 질문에 답하는 방법입니다.

### 2. 어떻게

방법이나 수단, 양상을 찾아볼 수 있습니다.

다시 예시 문제를 보면, '어떻게 이성은 모든 것을 설명할 수 있는가?'라는 질문을 만들 수 있습니다. 이것은 설명할 때 이성이 어떤 움직임을 보이는지 물어보는 질문입니다. 반대로 '어떻게 이성은 모든 것을 설명할 수 없는가?'라는 질문은 어딘가 어색합니다.

오히려 '이성이 설명할 수 없는 것은 어떤 것인가?'로 말을 바꾸는 편이 이해하기 더 쉬울 것입니다. 이렇게 말하면 '이성이 모든 것을 설명할 수 있을 리가 없다'는 의미의 '아니요'라는 답에 대응하여, '그렇다면 이성은 무엇을 설명하는 데 실패하는가'라는 질문으로 답할 수 있습니다. 이처럼 기계적으로 단어를 집어넣어 보고 어색하면 의미를 바꾸지 않는 선에서 다른 표현 방법을 찾아보는 것도 하나의 방법입니다.

### 3. 만약 ~이라면 ~인가?

또 하나, '만약 ~이라면 ~인가?'라는 질문 형태를 사용할 수도 있습니다. 이것은 가정에 기반하여 추론했을 때, 어떤 결과가 나오는지 물어보는 질문입니다. 이 형식에 '무엇, 왜, 어떻게'를 조합하면 더 명확한 질문을 만들 수 있습니다. '이성은 모든 것을 설명할 수 있는가?'라는 질문을 '만약 이성이 모든 것을 설명할 수 없다면, 그것은 어떤 경우인가?'나 '만약 이성이 모든 것을 설명할 수 있다면 어떤 결과가 예상되는가?'와 같은 질문으로 바꿀 수도 있습니다.

### 4. ~와 ~는 어떤 관계인가, ~와 ~의 차이는 무엇인가?

문제 문장 안에 복수의 요소가 있을 때는 이 같은 형태의 질문을 함으로써 요소 간의 관계를 확인해 볼 수 있습니다. '이성은 모든 것을 설명할 수 있는가?'와 같은 질문을 조금 바꾸면 '이성이 설명할 수 있는 것과 없는 것은 어떤 관계가 있는가?' 또는 '이성이 설명할 수 있는 것과 없는 것은 무슨 차이가 있는가?'와 같은 질문을 만들어 볼 수 있습니다.

### 5. 바칼로레아 철학 시험 문제 응용하기

그 외에도 앞에서 본 바칼로레아 철학 시험에 출제된 문제 형태를 응용할 수도 있습니다. '이성이 모든 것을 설명해야 하는가? 이성의 기능이란 설명하는 것에 국한되는가? 이성은 설명하는 것인가, 그렇지 않으면 해석하는 것인가?'와 같이 다양한 질문 형태를 만들어 볼 수 있습니다. 주어진 질문의 형식을 자기 것으로 만들어 활용할 수 있다면 질문의 범위를 더욱 확대할 수 있을 것입니다.

이처럼 문제 표현을 응용하여 '네'와 '아니요'라는 두 가지 선택지를 논의해 보면 어떤 논점이 존재하는지 명확하게 확인할 수 있습니다. 여기서 만든 질문은 출제된 문제를 분해하고, 하나의 '문제'를 '질문의 집합'으로 변환한 것입니다. 한 문장으로 출제되는 바칼로레아 철학 시험 문제는 이처럼 조정하면 답하기 더 쉬워집니다.

### 연습 문제

> 그러면 실제로 '문제'를 '질문의 집합'으로 바꿔 봅시다. 2019년에 출제된 문제 2개를 예시로 들어 보겠습니다.
>
> 1. 의무를 인정하는 것은 자유를 단념하는 것인가?
> 2. 법률은 우리를 행복하게 만들 수 있는가?

각 문제에서 질문을 다섯 개 이상 만들어 보세요.

┌─(해답 예시)─────────────────────────────────────────

## 1. 의무를 인정하는 것은 자유를 단념하는 것인가?

· 의무란 무엇인가?

· 자유란 무엇인가?

· 의무를 인정한다는 것은 어떤 의미인가?

· 자유를 단념한다는 것은 어떤 의미인가?

· 자유를 단념하는 것은 가능한가?

· 자유를 단념하는 것은 허용되는가?

· 어떻게 자유를 단념할 수 있는가?

· 왜 의무를 인정하면 자유를 단념해야만 하는가?

· 의무와 자유는 어떤 관계인가?

· 자유를 단념하는 것과 제한하는 것의 차이는 무엇인가?

· 의무를 인정한다고 해도 자유를 단념하지 않아도 된다면, 그것은 어떤 조건일 때 가능한가?

## 2. 법률은 우리를 행복하게 만들 수 있는가?

· 법률이란 무엇인가?

· 행복이란 무엇인가?

· 법률이 우리를 행복하게 만든다는 것은 어떤 의미인가?

· 어떻게 법률은 우리를 행복하게 만들 수 있는가?

· 법률의 목적은 우리를 행복하게 만드는 것인가?

· 만약 법률이 존재하지 않는다면, 우리는 행복할 수 없는가?

· 법률이 우리를 불행하게 만드는 것은 어떤 경우인가?

· 법률은 우리를 행복하게 만들기 위해 존재하는가?

· 법률과 행복은 어떤 관계인가?

· 법률을 만드는 것과 행복하게 만드는 것의 차이는 무엇인가?

· 법률은 우리를 행복하게 만들어야만 하는가?

이 예시들은 일부에 지나지 않지만, 주어진 문제에서 다양한 질문을 만듦으로써 논의의 대상이나 절차, 방향성이 결정된다는 점을 알 수 있습니다.

## 논거를 모아 활용하라

이처럼 소논문에서는 문제의 주제를 식별하고, 표현을 잠정적으로 정의한 후, 상세 내용에 주의를 기울인 다음, '네'와 '아니요'로 대답하고, 문제에서 복수의 질문을 만들어 내야 합니다. 여기까지가 '문제를 분석하는' 작업입니다.

그다음 '네'와 '아니요'라는 답에 대한 논거를 모아야 합니다. 논거란 어떤 주장의 정당함을 뒷받침하는 증거입니다. 바칼로레아 철학 시험에서 논거란 과거 철학자들의 주장을 말합니다. 어떤 철학자의 무슨 주장을 '네'와 '아니요'라는 답을 지지하는 논거로 활용할 수 있을지 생각해야 합니다. 구체적으로 어떤 철학적 주장을 다루는지는 다음 장에서 살펴보도록 하겠습니다.

하지만 철학자들이 이렇게 말했다는 것만으로는 충분하지 않습니다. 그것은 철학자들의 주장을 나열하는 것에 불과하기 때문입니다. 철학자의 주장을 인용함과 동시에, 각 입장을 정당화할 수 있는 이유를 자기 문장과 논리로 설명할 수 있어야겠죠. 여러 철학적 주장은 그러한 논리를 보강하는 것이며, 어디까지나 부차적인 부분입니다.

2장에서 인용이 고득점의 비결이라고 말했지만, 그저 인용하기만 해서는 부족합니다. 인용은 논의의 흐름에서 반드시 필요합니다. 그리고 그 인용의 의미나, 거기서 인용된 의의를 자기 문장으로 설명할 수 있어야 합니다. 다만 자기 문장으로 설명할 수 있다는 말이 자기 생각을 써야 한다는 뜻은 아닙니다. 바칼로레아 철학 시험에서 '나는 이렇게 생각한다' 같은 주관적 표현은 금지입니다. 인용을 포함한 다양한 요소가 논리를 통해 연결될 수 있도록 써야 합니다. 즉, 인용은 주장의 정당함을 보강하기 위한 권위를 갖고 있지만, 권위에만 의존해서는 안 됩니다. 권위를 도출할 만한 충분한 이유가 드러나 있어야 한다는 의미입니다.

그렇기에 자신이 무엇을 주장하고 싶은지, 그리고 어떤 흐름으로 논의를 진행하고 싶은지를 논거 선택 시점에서 생각해야 합니다. 이런 작업은 답안을 작성하기 전에 해야 합니다. 이를 순조롭게 진행하기 위해 꼭 해야 하는 작업이 바로 '구성안 만들기'입니다.

## 구성안이 소논문의 질을 결정한다

문제 분석이 끝나면, 분석 결과를 소논문 형태로 만들어야 합니다. 그러나 무작정 쓸 것이 아니라, 어떻게 시작하고, 어떤 논의 단계를 거쳐, 어떻게 끝낼 것인지를 설명하는 구성안을 써야 합니다.

2장에서 바칼로레아 철학 시험의 소논문은 '도입, 전개, 결론'이라는 세 부분으로 구성되어 있다고 소개했습니다. 구성안이란 각 부분에서 무엇을 어떤 순서로 쓸지를 개요 형태로 정리한 것입니다. 여기서 이미 답안의 대략적인 형태가 결정되기 때문에, 기본적으로 답안 작성은 이 구성안을 문장화하는 작업이라고 볼 수 있습니다. 즉, 구성안의 좋고 나쁨에 따라 소논문의 완성도가 결정되는 것입니다.

다음으로 구성안의 부분별 내용을 살펴보죠.

### 1. 도입

문제 분석 내용을 토대로 앞으로 어떤 논의를 해 나갈지 예고하는 부분입니다. 우선, 표현을 정의합니다.

그리고 문제에 대한 '네, 아니요'라는 선택지를 각각 서술합니다. 이때 앞에서 본 것처럼 '네, 아니요'와 같은 답을 열거하기만 할 것이 아니라, 다른 표현으로 바꿔 말할 필요가 있습니다. '네, 아니요'라는 말만 해서는 같은 표현이 몇 번이나 반복되어 오히려 이해하기 어려워지기 때문입니다. 예를 들어 보겠습니다.

'이성은 인간이 세상을 이해하게 만드는 유일한 능력이며, 이를 통해 세상의 모든 사상을 설명할 수 있다. 그러나 한편으로 이성으로 설명할 수 없는 것도 존재한다고 생각한다.'

이 문장의 첫 번째 문장은 '네(이성은 모든 것을 설명할 수 있다)'를 바꿔 표현한 것입니다. 앞에서 이성을 정의한 뒤, 그 능력을 설명합니다. 그리고 '그러나'라는 역접 접속사로 시작하는 두 번째 문장은 '아니요(이성은 모든 것을 설명할 수 없다)'를 이성이 설명할 수 없는 개념이라는 시점에서 표현하고 있습니다.

양자는 대립하는 답이므로, 둘 다 옳다는 의견은 존재할 수 없습니다. 즉, 두 개 입장 사이에 모순이 존재한다는 점을 지적해야 합니다.

여기서는 '네'와 '아니요'의 순서에 주의해야 합니다. 전개 부분에서도 언급했지만, 여기서는 자신이 지지하지 않는 의견을 앞쪽에 둬야 합니다. 예시에서는 '아니요'라는 입장을 지지하기 때문에, '네'를 앞쪽에 두었습니다. 그렇게 하는 이유는 우선 반대 의견을 검토하고, 그 한계를 명확하게 밝힘으로써 자기가 지지하는 입장이 더 우월하다고 주장하기 위해서입니다(제3의 답으로 유도하는 경우에는 문제점이 더 많다고 생각하는 선택지를 앞쪽에 둡니다).

그리고 그 모순을 해결하기 위해 여러 가지 논점에서 논의할 것을 예고하고자, 문제를 분해해서 만든 질문을 열거합니다.

도입의 말미에서는 출제된 문제를 반복합니다. 이를 통해 지금까지 나온 도입 부분의 내용(정의, 모순 발견, 질문 열거)이 출제된 문제를 풀기 위한 것이라는 점을 명확하게 나타냅니다.

## 2. 전개

전개 부분에서는 도입에서 예고했던 논의를 실제로 진행합니다.

먼저, '네, 아니요'라는 각 입장에 맞춰 한 '부분'을 작성합니다. 이 '부분'은 복수의 단락으로 구성된 종합을 가리키며, 각 부분에서 '네, 아니요'에 대한 여러 가지 논거를 들어 그 입장이 옳은 이유를 밝힙니다. '네, 아니요'의 어느 쪽도 아닌 제3의 입장(변증법에서 말하는 '합'의 입장)은 세 번째 부분에서 논의합니다.

도입 부분에서 설명한 것처럼, 자기가 지지하는 입장에 반대되는 입장을 맨 앞에서 서술합니다. 이렇게 함으로써 우선 반대 의견을 뒷 받침하는 근거를 드러내고, 그 한계나 문제점을 밝힐 수 있습니다. 그리고 해결책으로 자기가 지지하는 입장을 제안합니다. 먼저 반대 입장을 검토한 후, 해당 의견의 문제점을 해결할 수 있는 것이 자신 이 지지하는 입장이라고 주장하는 것입니다.

　전개 부분은 복수의 단락으로 구성되어 있습니다. 하나의 단락에 서는 하나의 시점이나 화제만 다루어야 합니다. 반대로 말하면, 시점 의 변화나 화제의 전환이 일어나면 반드시 단락을 바꿔야 합니다.

　이에 더해 단락 사이의 연결이 확실하게 드러나야 합니다. 다른 역 할을 하는 단락을 연결하는 방법은 두 가지입니다.

　우선 첫 번째는 접속사를 활용하는 방법입니다. 두 단락 간의 관 계를 이론적 귀결(그러므로, 따라서, 즉 등), 대립이나 양보(하지만, 그렇 다고 해도, 반대로 등), 나열이나 추가(그리고, 더욱이, 동시에 등), 또는 예 시(예를 들어 등) 등에 따라 접속사를 나눠 사용함으로써 단락 사이의 관계를 알기 쉽게 드러냅니다.

　또 하나는 앞 단락에서 다음 단락으로 넘어갈 때 질문 형태를 사용 하는 방법입니다. 앞 단락의 논의에서 나온 의문점이나 해결되지 않 은 점을 다음 단락에서 논의하기 위해 단락의 마지막을 질문 형식으 로 끝내면 다음 단락은 반드시 그에 대답하는 형식을 띱니다.

　예를 들어 4장에서 다룰 자유 문제와 관련하여, '제한 없는 자유'와 '법에 기반한 자유'라는 두 가지 자유에 대해 논의한다고 생각해 봅시다. 어떤 제한도 없이 자유를 행사(제한 없는 자유)한다면 사람들은 전쟁 상태에 돌입하게 될 것입니다. 반대로 법을 통해 개인의 권리를 제한함으로써 모두의 자유를 보장할 수 있습니다. 두 가지 상태는 같은 '자유'이지만, 전혀 다릅니다.

'자유란 무엇인가'라는 문제에 대해, 처음에는 제한 없는 자유에 대해 논합니다. 그렇게 함으로써 제한 없는 자유가 주는 불합리한 점을 밝힙니다. 그렇게 다른 자유에 대해 생각해 볼 필요성이 생겨나는 거죠. 하지만 기억하세요. 법에 기반하는 자유를 생각해 볼 필요성이 생겨났다고 해도, 두 가지의 다른 자유를 그대로 나열하기만 하면 화제 전환이 자연스럽지 않습니다.

이때 제한 없는 자유에 대해 논하고 있던 단락의 마지막에 아래와 같은 질문을 던지는 것입니다. '그러나 제한 없는 자유가 초래하는 피해가 모든 형식의 자유에서도 공통되게 나타나는가? 아니면 전쟁 상태에 돌입하지 않고, 모든 사람이 자유로운 상태가 가능한 것인가? 어떻게 하면 이런 상태를 실현할 수 있는가?' 이러한 질문을 던지면, 읽는 사람은 다음 단락에서 다룰 자유가 지금까지 이야기했던 자유와는 다른 것임을 확실하게 느낄 수 있습니다.

전개 부분에서는 단락을 바꿀 때 이처럼 질문을 활용하는 방법을 종종 사용합니다. 예를 들어 앞 부분에서 '네'라는 입장에 대해 논의했다고 합시다. 거기서 '네' 입장의 문제점이나 한계를 밝힌 후, '아니요' 입장으로 유도하는 듯한 질문을 던지면 다음 부분으로 매끄럽게 넘어갈 수 있습니다.

예를 들어 '이성은 모든 것을 설명할 수 있는가'라는 질문에 대해 '네'(이성은 모든 것을 설명할 수 있다)라는 입장의 논의를 지속하다가, 마지막에 '하지만 정말로 이성으로 설명할 수 없는 것은 존재하지 않는다고 말할 수 있는가?'라고 질문하는 형태로 끝을 맺으면, 그 질문을 받는 형태로 '아니요'(이성은 모든 것을 설명할 수는 없다) 입장에서의 논의를 시작할 수 있습니다.

다만, 전개의 마지막 부분을 질문으로 끝낼 수는 없습니다. 왜냐하면 전개 부분에서 논의가 끝나기 때문입니다. 질문은 논의를 지속하는 수단이기 때문에 전개 도중에만 사용할 수 있습니다.


전개 부분은 소논문에서 가장 중요한 부분입니다. 이 부분에서는 적어도 '네, 아니요'라는 쌍방의 입장을 검토해야 하고, 필요하다면 제3의 의견(두 입장의 약점을 해결할 수 있는 새로운 의견)까지도 논의할 수 있어야 합니다.

예를 들어 '이성은 모든 것을 설명할 수 있는가?'라는 문제에서 '네'와 '아니요'라는 두 가지 입장을 검토한다고 합시다. '아니요'(이성은 모든 것을 설명할 수 없다)로 전개 부분을 끝내면, 이성에는 한계가 있다는 결론으로 이끌어 가게 됩니다. 그러나 이성이 모든 것을 설명할 수 없다는 한계가 있더라도, 이성이 있어야 그 한계가 있다는 것도 깨달을 수 있습니다. 이성은 이성 본질에 대해 생각할 수 있으며, 이에 따라 처음으로 이성의 한계가 밝혀집니다. 즉, '이성은 모든 것을 설명할 수 없지만, 이성이 있음으로써 이성의 한계도 밝힐 수 있다'는 이성의 능력과 한계를 연관 짓는 제3의 입장을 논의할 수 있게 됩니다.

제3의 입장을 적절하게 정의하고, 논의할 수 있다는 것은 정반합(正反合)이라는 변증법적인 구성법을 마스터했다는 점을 드러내는 것이기에, 소논문의 완성도도 높아지고 채점에서도 유리하게 작용할 것입니다. 물론 제3의 입장이 필요 없는 문제도 있습니다. 또한 제3의 입장이 그때까지 나온 두 가지 입장을 통합하지 않는 경우에는 오히려 사족으로 여겨져 낮은 평가를 받을 수도 있습니다.

어느 쪽이건 '네'와 '아니요' 두 가지 의견을 조정하고, 통합할 수 있는 입장이 존재하는지 생각해 보는 것은 매우 중요한 사고의 절차라 할 수 있습니다.


### 3. 결론

결론은 전개에서 나온 논의를 요약한 후, 문제에 답하는 부분입니다. 전개의 각 부분에서 진행된 논의를 1~2줄 정도로 간략하게 정리하고, 논의의 흐름을 되짚어 봅니다. 그리고 이를 토대로 출제된 문제에 대해 '네, 아니요' 중 어느 쪽을 지지하는지, 또는 제3의 답을 지지하는지를 명시하여 답을 작성합니다. 이때 전개의 논의와 결론은 당연히 일치해야 합니다. 전개 과정의 논의와 결론의 내용이 다르다면, 전개에서 논의한 의미가 없습니다.

또한 전개에서 언급하지 않은 이야기를 결론에서 언급하면 안 됩니다. 결론은 어디까지나 전개를 요약하는 부분입니다. 반대로 말하자면 필요한 이야기는 모두 전개에서 논의해 두었어야 합니다.

그렇다고 해도 결론에서 새로운 요소를 꺼내는 것이 전혀 불가능한 것은 아닙니다. 출제된 문제에 답한 후, 그 문제가 제기한 새로운 질문을 적는 것은 허용됩니다. 그것이 가능하다는 것은 주어진 문제를 푸는 데 그치지 않고 스스로 더 깊은 사색을 할 수 있다는 의미로, 높은 평가를 받을 수 있습니다(물론 그것이 적절한 경우에 해당하겠죠).

예를 들어 '이성은 모든 것을 설명할 수 있는가?'라는 질문에 대해 전개 부분에서 논의된 내용을 요약하고, '따라서 이성은 모든 것을 설명할 수 있을 리가 없다'라고 대답했다고 합시다. 그 후에 '이성에 의해 설명할 수 없는 것을 우리가 어떻게 이해할 수 있는가?'라든가 '이성이 설명할 수 없는 것을 인식하는 방법이 존재하는가?' 등의 질문으로 끝낼 수도 있다는 것입니다. 다만, 이것이 꼭 필요한 것은 아니며, 여력이 있는 학생은 도전해 봐도 좋다는 이야기입니다.

이처럼 소논문에서 도입, 전개, 결론의 역할은 정해져 있습니다. 소논문을 작성할 때는 반드시 이 구성에 맞춰서 논의해야 합니다. 문제 분석에서 구성안 작성에까지 이르는 일련의 흐름 덕에, 매우 간결하고 손댈 것 없어 보이는 문제가 질문의 집합과 그에 대한 고찰로 변했습니다. 좁은 의미에서는 소논문의 구성안이 논의의 방향을 설정하고 질서를 부여하는 틀이 되는 것입니다. 넓은 의미에서는 문제 분석에서 구성안 작성, 그리고 소논문 집필까지의 작업이 사고의 틀입니다.

# 구성안 예시

지금까지 구성안 작성까지의 단계를 소개했습니다. 그렇다면 실제 구성안이란 어떤 것일까요?

'이성은 모든 것을 설명할 수 있는가?'의 구성안을 살펴봅시다.

[도입]

· 이성은 이론적인 방향으로 세상을 이해할 수 있게 만드는 인간 고유의 능력이다.

· 인간은 이성에 의해 세상의 사물이나 현상의 특징, 성질, 그리고 그것을 태어나게 하는 법칙이나 인과 관계를 밝힐 수 있다. 결국 이성은 설명하는 능력이다.

· 그러나 이성에 의해 설명할 수 없는 것도 존재한다고 생각한다.

· 이성에는 한계가 있으며, 그 한계 초월을 이성으로 설명할 수 없는가?

· 그렇지 않으면 이성은 한계를 넘는 것도 설명할 수 있는가?

· 결국 이성이 모든 것을 설명할 수 있다고 말할 수 있는가?

[전개1] 이성은 모든 것을 설명할 수 있다

· 인간은 이성을 통해 자기 주변을 둘러싼 사물이나 자기 내면에 대해 인식할 수 있다.

· 더욱이 이성은 현실에 존재할 수 없는 것(예를 들면 완벽한 구체)에 대해서도 생각할 수 있게 한다.

· 예를 들어 이성은 세상 여러 가지 사물의 운동 뒤에 숨겨진 법칙을 수학 언어를 통해 기술할 수 있게 한다. 따라서 모든 운동은 이성으로 인해 설명할 수 있다.

· 즉, 세상의 모든 사물은 이성을 통해 파악할 수 있다. 이성은 세상의 모든 것을 어떤 것인지 설명할 수 있게 만드는 능력이다.

· 그러나 정말로 이성을 통해 설명할 수 없는 것은 존재하지 않는가?

### 전개2 이성이 모든 것을 설명할 수 있을 리가 없다

· 자연은 수학 언어를 통해 기술할 수 있지만, 고전역학이 몽상했듯 미래에 대한 완전한 예측은 불가능하다.

· 인간의 행동이 매번 합리적인 동기에서 시작한다고 말하기 어렵듯이, 이를 이성으로 설명하기는 어렵다.

· 파스칼이 말했듯이 우리는 신의 존재를 이성적으로 설명할 수 없다. 그것은 이성의 능력을 넘는 것이다.

· 더욱이 지그문트 프로이트(Sigmund Freud)는 우리 내면에 억압된 욕망으로 구성된 무의식이 존재하며, 이성은 그 존재를 충분히 파악할 수 없다고 말했다.

· 결국 이성은 한계가 존재하며 그 한계를 넘을 수 없다.

· 한편, 이와 같은 한계의 존재를 인식할 수 있다는 것도 이성이 가진 능력이 아닌가?

### 전개3 이성은 이성이 가진 한계를 설명하고자 한다

· 확실히 이성에는 한계가 존재하지만, 그 한계는 이성에 의해서만 드러난다.

· 칸트(Immanuel Kant)는 《순수 이성 비판》에서 경험이란 세상을 직접 인식하

는 것이 아니라, 우리의 이성이 보유한 시간과 공간이라는 두 가지 카테고리 안에 나타난 현상을 인식하는 것에 불과하다고 말한다. 따라서 이성은 식별도 설명도 할 수 없는 존재를 인정해야만 한다.

· 이처럼 한계라는 존재는 이성의 움직임에 따라서만 드러난다. 그러한 의미에서 이성은 그 자체의 한계가 어떤 것인지 설명하고 있다.

· 인간 내면에도 무의식적인 이성의 한계가 존재한다. 그러나 우리는 정신분석과 같은 방법을 통해 무의식을 언어화하고, 그 구조를 이해하고자 한다. 그런 의미에서 이성은 무의식이라는 한계를 찾아낸 다음, 그것을 초월하고자 하는 힘이기도 하다.

· 또한 예술은 이성과는 다른 형태로 이상적인 현실을 보여 주는 방법이다. 이는 이성의 한계를 다른 영역에서 나타내는 것이며, 예술을 이성으로 이해하려고 하는 시도 역시 타당하다고 볼 수 있다.


결론

· 이성은 자신이 가진 힘을 통해 세상을 이해하고, 설명하고자 한다.

· 이 같은 설명은 숫자를 통해 자연을 기술함으로써 성공한 바가 있다.

· 그러나 한편으로는 이성에 한계가 있고, 그것을 넘어 파악할 수 없는 것이나 무의식과 같은 대상이 존재한다.

· 그렇지만 한계는 이성에 의해 처음으로 드러나게 되며, 심지어 이성은 그러한 한계에 항상 도전하고 있다.

· 결국 이성은 모든 것을 설명할 수는 없지만, 그것을 이성의 힘으로 부정하려고 하지도 않는다.

· 그렇다면 우리는 이성의 한계를 넘은 수단을 손에 넣을 수 있는가?

# 구성안을 소논문으로

구성안이 완성되면, 소논문의 답안 작성을 시작합니다. 논의의 흐름은 구성안에 드러나 있으므로, 글머리 표를 빼기만 해도 소논문의 답안이 완성될 것입니다. 거기에 더해 인용과 그에 대한 설명을 넣거나, 논의를 더 이해하기 쉽게 만들어 주는 예시나 유사 표현을 넣으면 더 좋은 소논문이 완성될 것입니다. 구성안과 소논문은 중복되는 점이 많기 때문에 여기서는 소논문의 답안은 기재하지 않겠습니다.

그렇다면 구성안을 소논문으로 옮겨 쓸 때는 어떤 점을 주의해야 할까요? 당연해 보이지만, 우선 구성안을 일관되게 작성했는지 확인해야 합니다. 어딘가 논의가 연결되지 않는 부분은 없는지, 같은 말을 몇 번이나 반복한 것은 아닌지 등을 수정합니다.

특히 같은 요소가 반복되면 낮은 평가를 받게 됩니다. 반복은 논의가 발전하지 않았다는 의미이기 때문입니다. 비슷한 아이디어나 표현, 또는 인용이 반복되지 않는지 확인하는 것은 구성안이 잘 짜였는지를 파악하는 하나의 수단입니다.

구성안은 문장의 시작과 끝, 그리고 통과 지점을 결정하는 지도와 같습니다(프랑스어로 구성안을 plan이라고 하는데, 이 단어는 지도라는 의미도 있습니다). 문장을 써 내려가면서, 무엇을 쓰고 있는지 잘 모르겠다면, 쓴 문장과 구성안을 비교해 봐야 합니다. 구성안대로 쓰고 있는지, 그렇지 않은지 확인하고, 어디에 문제가 있는지 찾아봐야 합니다. 문장을 순서대로 다시 읽어 보면 앞부분과 자연스럽게 연결되지 않는 부분이 보일 것입니다. 시간이 걸리더라도 그 부분을 다시 한번 수정하는 것이 가장 좋은 방법입니다.

물론 구성안이 잘못되었을 수도 있습니다. '써 보지 않고는 모르는' 경우도 분명히 있습니다. 그때는 잘 써지지 않는 부분만 수정할 게 아니라, 전체를 다시 읽어 봐야 합니다. 어떨 때는 일부만 수정한다는 것이 전체 흐름에 큰 영향을 미치기도 합니다. 기본 설계를 바꿀 때는 매우 신중해야 합니다. 즉, 그만큼 구성안에 충분한 공을 들여야 한다는 이야기입니다.

시험 시간이 4시간이나 되는 바칼로레아 철학 시험에서는 문제 분석에서 구성안 작성까지 1시간 30분에서 2시간 정도를 소요한다고 합니다. 집필 시간은 1시간 30분에서 1시간 45분, 그리고 남은 15분에서 30분은 퇴고 시간입니다. 성적이 좋고 나쁨은 소논문을 퇴고하기 전에 거의 정해진다고 볼 수 있습니다.

'이성은 모든 것을 설명할 수 있는가?'라는 문제를 선택한 수험생도 이처럼 순서를 밟아 답안을 작성해야만 합니다.

## 사고의 틀을 활용한 소논문 작성법

이제 소논문 작성법의 주요 단계를 정리해 보겠습니다.

### 1. 문제의 주제를 분해한다

## 2. 문제의 형태를 분해한다

문제를 분해하기 위해서는 우선 '무엇'이, '어떻게' 다뤄지고 있는지 알아야만 합니다. '무엇'에 해당하는 것이 주제이며, '어떻게'에 해당하는 것이 문제의 형태입니다.

주제에 대해서는 개념 리스트에서 관계있는 것을 고르고, 문제의 형태에 대해서는 몇 가지 유형 중에서 어디에 해당하는지 찾아봅니다.

## 3. 문제에 '네, 아니요'로 대답한다

문제의 주제와 형태를 알았다면, 다음에 해야 할 일은 문제에 '네, 아니요'로 답하는 것입니다. 단 먼저 문제의 세부 사항에 주목해야겠죠. 그후 사용된 단어나 개념을 정의합니다. 그런 다음에는 앞에서 예시로 들었던 '항상, ~에 불과하다'처럼 '네, 아니요'의 형태를 바꾼 표현은 없는지, 있다면 어떤 답을 기대하고 있는지 생각해 봐야 합니다.

이처럼 문제의 세부 사항을 파악한 뒤, '네, 아니요'로 대답합니다. 글을 전개해 나가면서, 두 가지 입장 중 하나를 선택하여 논의하게 될 것입니다.

## 4. 문제를 질문의 집합으로 변환한다

논의의 방향을 결정하기 위해서는 문제를 복수의 질문으로 변환하고, 전개해 나가면서 사용할 논점을 명확하게 하는 작업이 중요합니다. 그러나 이것도 하나의 질문에서 여러 가지를 새롭게 만들어 내는 것이 아니라, '무엇을, 왜, 어떻게, 어떤, 만약 ~이라면' 등의 질문 형태를 사용한, 문제를 가공하는 공정에 불과합니다. 여기서 필요한 것은 창조성이나 독창성이 아니라, 어떻게 보면 기계적인 변환 작업입니다.

그렇다고 해서 질문을 분해하는 작업이 시시하다는 의미는 아닙니다. 오히려 논의의 출발점이 되는 복수의 논점을 질문의 형태에 끼워 넣기만 하면 만들어 낼 수 있다는 점은, 특별한 사람만이 아니라 많은 사람이 철학적인 생각을 할 수 있다는 의미입니다. '누구나 할 수 있다'는 점이 오히려 대단하죠.

### 5. 구성안을 만든다

지금까지 '문제 분해'를 진행했습니다. 이제부터는 분석 결과를 토대로 어떤 소논문을 작성할지 결정해야 합니다. 이를 위해 우선 구성안이라는 논문 전체의 개요를 만듭니다.

구성안은 '도입, 전개, 결론'이라는 세 가지 부분으로 구성되어 있습니다. 도입에서는 문제 분해 결과를 토대로 어떤 논의를 해 나갈지 예고합니다. 전개에서는 '네, 아니요'(그리고 제3의 입장)의 논거를 밝히면서, 질문을 통해 각 부분의 관계성을 만들며 논의를 진행해 나갑니다. 이때, 자신이 지지하지 않는 입장부터 논의를 시작하는 것이 중요합니다. 결론 부분에서는 전개에서 논의한 내용을 간결하게 정리하고 문제에 답합니다.

### 6. 소논문을 쓴다

가장 중요한 단계이지만, 그 성공 여부는 지금까지 해 온 작업을 통해 거의 결정돼 있다고 볼 수 있습니다. 문제 분석과 구성안을 제대로 작성했다면, 다음에 무엇을 쓸지는 거의 분명합니다. 꼭 써야 하는 부분 외의 내용을 길게 쓰지 않고, 같은 말을 반복하지 않는 것이 중요합니다.

바칼로레아 철학 시험에서는 읽기 쉬운 글자로 답안을 작성해야 하며, 되도록 문법이나 철자 실수가 적어야 합니다. 이것은 어떤 문장이건 같지만, 채점자가 방대한 양의 손 글씨 답안을 봐야 한다는 점을 감안하면 읽기 쉽고 실수가 적은 답안이 높은 평가를 받는 것은 당연한 일입니다.

프랑스 고등학생은 1년 동안 이 같은 방법을 몇 번이나 반복적으로 연습하고 익혀서 바칼로레아 철학 시험을 치릅니다. 문제 분석에서 집필까지의 반복 훈련을 통해 우선 무엇을 써야 하는지, 그다음에는 무엇을 해야 하는지와 같은 순서가 자동으로 머릿속에 각인되어 기능합니다. 이처럼 문제 분석부터 사고를 언어화하기까지 일련의 방법이, 앞에서도 언급했던 것처럼 넓은 의미에서 사고의 틀에 포함됩니다. 몇 번이나 말했지만, 시험에서 요구되는 것은 독창성이나 재치가 아닌 끈질긴 훈련의 성과입니다.

물론 모든 고등학생이 이 틀을 익혀서 활용하지는 않지만, 이 틀은 단순한 시험 요령을 넘어 사회생활이나 업무 등의 다양한 방면에서 유효하게 활용됩니다.

# 사고의 틀을 활용하기 위해

지금까지 바칼로레아 철학 시험의 논문 쓰는 법을 살펴보았습니다. 그렇다면 우리는 이 사고의 틀을 어떻게 활용할 수 있을까요? 우선 바칼로레아 철학 시험의 사고의 틀이 가진 특징을 정리해 보겠습니다.

### 1. 문제 분석은 기계적으로 할 수 있다

문제를 보자마자 우선 무엇을 해야 할지 결정할 수 있다는 것은, 문제를 분석할 때 필요한 것이 정형화되어 있다는 의미입니다. 정형화라고 하면 부정적으로 들릴지도 모르겠지만, 모든 사람이 복잡한 문제를 다루는 방법을 활용할 수 있다는 점은 사고하기 위한 출발점을 다지는 중요한 조건입니다.

### 2. 쓰기 전에 정성을 들여 생각한다

지금까지 설명한 것처럼 4시간이 걸리는 바칼로레아 철학 시험은 시험 시간 중에 쉬는 시간도 없이 계속해서 답안을 작성하는 것이 아닙니다. 오히려 그렇게 되면 생각나는 대로 답을 쓰게 될지도 모릅니다.

그러니 답안 작성 시간과 비슷한 정도로, 무엇을 어떻게 써야 할지 고민하는 시간을 가지는 것이 좋습니다. 또는 그보다 더 긴 시간을 확보해도 됩니다. 그런 의미에서 이 책은 '문장 쓰는 법'이 아니라, '문장을 쓰기까지의 작업'에 초점을 맞추고 있습니다. 승부는 쓰기 전에 결정됩니다. '무작정 쓰기만 해서는 좋은 답안을 만들어 낼 수 없다'라는 말입니다.

### 3. 반대 의견을 충분히 존중한다

미국 형식의 에세이에는 없고, 바칼로레아 철학 시험의 소논문에는 있는 것, 그것은 반대 의견에 대한 존중입니다. 소논문에서는 자신이 지지하는 입장과 반대되는 의견도 타당한 논거를 갖고 있다는 점을 명시해야 합니다. 절차상 반대 의견이 결코 황당무계한 오류가 아니라는 점을 밝힌 다음, 그 의견의 한계나 문제점을 지적하고, 자기가 지지하는 입장(제3의 입장을 지지하는 경우에는 또 하나의 의견)으로 넘어가야 합니다.

이처럼 반대 의견의 타당성·논리성을 존중하는 태도는 민주주의 사회에서 꼭 필요하며, 철학 교육은 그러한 능력을 길러 내는 시스템의 역할을 맡고 있습니다.

### 4. 계속해서 수정한다

구성안이 중요하다고 말했는데요, 그것이 구성안대로 문장을 써야만 한다는 것은 아닙니다. 쓰는 도중에 새로운 아이디어가 떠오르거나, 더 이해하기 쉬운 논의의 흐름이 생각날 수도 있고, 또는 잊고 있었던 논거가 생각날 수도 있습니다. 그럴 때는 구성이나 내용을 변경할 필요가 있겠죠.

다만, 전체 균형을 무너뜨리지 않도록 변경한 내용을 구성안에 집어넣어 보고, 다른 내용과 비교했을 때 일부 서술이 너무 과하지 않은지, 또는 전체 흐름을 흐리는 것은 아닌지 확인해 봐야 합니다. 예를 들어 전개의 한 부분이 다른 부분과 비교해서 너무 길면 다른 부분의 분량을 늘이던가, 긴 부분을 적당히 줄이는 등의 작업을 해야 합니다. 반대로 집필 중에 수정을 통해 소논문의 균형이 좋아지는 경우도 충분히 있습니다.

## 5. 체험이나 감상이 아닌 보편적인 예를 들 것

바칼로레아 철학 시험이 개인적인 체험이나 감상과는 분리된 채 작성하고 평가받는 시험이라는 점에서 우리에게 또 하나의 시사점을 줍니다. 바칼로레아 철학 시험의 소논문에 개인적인 체험이나 감상을 쓰는 것은 권장되지 않습니다. 그것은 어디까지나 개인적인 경험이기 때문에, 다른 사람에게도 옳은 것인지 알 수 없기 때문입니다. 또 개인적인 체험에서 문제를 발견하고, 생각을 발전시키는 방법은 좋은 평가를 받을 수 없습니다. 문제는 체험에서 찾는 것이 아니라, 처음부터 주어지는 것이기 때문입니다.

체험 속에서 문제를 발견하는 방식 자체는 매우 흥미로울뿐더러, 잘 사용하면 효과적인 방법일 수도 있습니다. 그러나 바칼로레아 철학 시험은 그런 방법과 다른 원리로 만들어졌습니다. 따라서 '나는 생각한다'라거나 '나는 사고한다' 같은 표현은 바칼로레아 철학 시험 답안에 나와서는 안 됩니다.

다만 개인적인 체험을 쓰면 안 된다고 해서, 체험에 대한 내용을 절대로 쓰면 안 된다는 의미는 아닙니다. 그 내용이 보편성을 가진다면 괜찮습니다. 보편성을 가진 체험이란 어떤 것일까요? 예를 들면 문학작품 등장인물의 행동 등을 일컫습니다. 자주 비견되는 것이 표도르 도스토옙스키(Fyodor Mikhailovich Dostoevskii)의 《죄와 벌》의 라스콜리니코프입니다. 전당포 노파를 살해한 주인공의 행동을 통해 정의나 자유, 도덕과의 관계를 물어보곤 합니다. 또는 화가나 음악 등 예술 작품도 이러한 사례로 자주 사용됩니다. 이런 작품은 교양의 일부라고 생각하므로 보편적인 것으로 간주합니다. 개인적인 내용이 아닌 보편적인 내용을 통해 논의하려는 태도는 프랑스 문화, 또는 유럽 문화의 특징으로, 배워야 할 점입니다.

그렇지만 한 가지 큰 문제점이 있습니다. 우리가 일상생활에서 부딪히는 문제는 바칼로레아 철학 시험 문제와 다르다는 점입니다. 우리의 '문제'는 대부분 더 복잡하고 다양한 요소가 얽혀있으며, 때로는 언어로 정확하게 표현하기 어려운 경우도 있습니다.

이처럼 '문제의 형태를 띠지 않는 문제'에 대해서는 이 책의 마지막인 6장에서 살펴보고자 합니다.

그전에 바칼로레아 철학 시험에서 사고의 틀이 어떻게 사용되는지 실제 출제된 문제를 풀어 보면서 조금 더 알아보겠습니다. 사고의 틀을 활용하는 연습을 반복하다 보면, 우리가 직면한 현실적인 문제를 생각할 때도 큰 도움이 될 것입니다.

Le Baccalauréat

4장

노동, 자유, 정의

# 무엇을 어떻게 가르치는가?

　3장에서는 사고의 틀이 어떤 것인지 상세하게 소개했습니다. 문제를 정해진 절차에 따라 분석하고, 도입, 전개, 결론이라는 구성에 맞추는 절차 중심이라는 점을 이해했길 바랍니다.

　이 장에서는 사고의 틀에서 사용되는 철학적인 논거나 논의에 대해 살펴봅니다. '노동, 자유, 정의'라는 세 가지 주제를 골라 어떻게 가르치는지를 정리하는 거죠. 1장에서 언급했듯이 프랑스 고등학교 철학 수업에는 교과서가 없고 수업을 각 교사의 재량에 맡기기 때문에 여기에서 설명하는 것은 하나의 예시에 지나지 않습니다. 하지만 그 내용은 고등학교 철학 해설서나 참고서에 공통으로 나오는 요소를 정리한 것으로, 반드시 알아 두고 능숙하게 사용할 수 있어야 하는 요소를 망라했습니다.

그리고 이어지는 5장에서는 4장에서 해설한 내용을 활용하여 바칼로레아 철학 시험에 이미 출제된 세 가지 문제를 풀어 보고자 합니다. 괄호 안은 출제 연도, 출제된 계열, 출제된 장소입니다. 인도, 일본이라고 쓰여 있는 것은 해당 국가에 있는 프랑스 학교의 학생을 대상으로 실시된 바칼로레아 시험 문제라는 의미입니다.

1. 노동은 우리를 더 인간답게 만드는가? (2010년, 경제사회계열, 인도)

2. 기술은 우리의 자유를 증진시키는가? (2009년, 기술계열, 프랑스 본토)

3. 권력 행사와 정의 존중은 양립 가능한가? (1996년, 인문계열, 일본)

말하자면 이 장에서는 노동, 자유, 정의를 둘러싼 다양한 철학적 고찰이라는 '재료'를 준비하고, 다음 장에서는 그 재료를 구체적으로 활용한 '레시피'를 소개하고자 합니다. 완성되는 요리는 다양하지만, 모든 요리가 같은 사고의 틀을 사용한다는 점이 포인트입니다.

# 노동

### 노동이란 무엇인가?

마르크스는 노동이란 인간과 자연 사이에 발생하는 것이라고 말했습니다. 원래 노동은 인간이 자연에서 일하기 시작한 것에서 출발했습니다. 손으로 구멍을 파거나, 자생하는 나무의 열매를 따는 활동은 노동이라고 정의하지 않습니다. 단순한 자연의 변용이나 이미 자연에 존재하는 것을 자신의 것으로 만드는 일은 노동이라고 할 수 없습니다. 그 이유는 무엇일까요?

이런 활동을 할 때는 도구를 사용하지 않기 때문입니다. 즉, 구멍 파기나 채집에 도구를 사용하면 그것도 노동이 됩니다. 칼 마르크스(Karl Heinrich Marx)는 《자본론》에서 노동하는 인간이 '외부의 사물을 자기의 활동 기관으로 사용하고, 그 기관을 자기 기관에 추가함으로써 자기 신체를 확장한다'고 말하며, 노동에서 도구가 가지는 역할의 중요함을 지적했습니다. 즉, 인간은 도구를 사용함으로써 신체의 원래 능력을 넘어서는 힘을 다룰 수 있게 됩니다. 도구 없이는 인간의 노동도 존재하지 않습니다.

인간은 왜 도구를 사용하는 걸까요? 확실한 목적이 있기 때문입니다. 우리는 노동의 목적에 적합한 도구를 선택합니다. 구멍을 팔 때 삽이 아닌 망치를 사용하는 사람은 없습니다. 노동의 목적이 도구를 결정합니다. 그렇기에 노동은 도구를 매개로 자연을 의식적으로 변용한다고 정의할 수 있습니다.

예를 들어 2미터 깊이의 구멍을 파는 노동이 있다고 하겠습니다. 노동의 목적을 달성하기 위해서는 그저 구멍을 파기만 해서는 안 됩니다. 깊이가 어느 정도인지, 구멍의 직경은 충분한지, 벽이 무너질 것 같지는 않은지, 흙 안에 돌이나 나무뿌리는 없는지 등 많은 부분에 주의를 기울여야 합니다. 노동시간 동안 항상 목적을 의식하고, 그것을 달성하기 위해 끊임없는 노력을 기울여야 합니다. 고된 노동은 바로 이러한 긴장 상태로부터 기원했습니다.

이러한 고됨의 시작은《구약 성서》의 '창세기'에서도 찾아볼 수 있습니다. 늘 자유롭게 살아가던 낙원에서 쫓겨난 아담과 이브, 그리고 그 후손은 이마에 땀을 흘리고 노동하며 살아가야 했습니다. 그런 의미에서 노동은 인간의 '원죄'라고 할 수 있습니다.


### 즐거운 노동

그렇다고 해도 노동이 늘 힘들기만 한 것은 아닙니다. 우리는 노동의 성과를 통해 풍족한 생활을 영위할 수 있습니다. 오귀스트 콩트(Auguste Comte)는《실증정치체계》에서 노동을 '인간이 행하는 외부 환경의 유익한 변용'이라고 정의한 바 있습니다. 노동이 그 고됨에 버금가는 유익함을 준다면, 그 또한 나쁘지 않은 듯합니다.

프랑스 철학자이자 평론가 알랭(Alain)은 심리적 측면에서 노동의 유익함에 대해 다음과 같이 서술했습니다. "유익한 노동은 그 자체로 즐거우며, 거기에서 기인하는 이익이 즐거움을 주는 것은 아니다." 즉, 일하는 행위 자체가 우리의 마음을 즐겁게 만든다는 말입니다. 알랭은 '즐거운 노동' 또는 '노동의 즐거움'에서 가치를 찾았습니다. 실제로 노동은 알랭에게 즐거움일 뿐만 아니라, 인간의 성장을 촉진시키는 것이었습니다. 알랭은 '노동은 우리의 감정이 옅어져 거의 기계화되어 가는 부분을 자기도 모르게 교정해 준다'라고 말하며, 노동이야말로 인간을 더욱 인간답게 만드는 수단이라고 말합니다.

## 자아실현으로써의 노동

노동의 인간다운 측면은 즐거움이나 기쁨이라는 시점과 더불어, '투쟁'이라는 시점에서도 검토되어 왔습니다. 게오르크 빌헬름 프리드리히 헤겔(Georg Wilhelm Friedrich Hegel)은 《정신현상학》에서 '주인과 노예의 변증법'을 통해 노동의 자아실현적 측면을 말했습니다.

두 자아의식(예를 들면 나와 다른 사람)이 자기 인정을 둘러싸고 생사를 다툴 때, 승자는 '주인'이 되고 패자는 '노예'가 되는 지배 관계가 생겨납니다. 그 결과 노예는 자유를 잃고, 주인의 욕망을 채우기 위해 노동을 해야만 합니다. 그러나 노예는 자연을 대상으로 노동하며 의식주에 필요한 물품을 생산하는 독립적 존재가 되며, 반대로 주인은 이와 같은 노예의 노동에 의존하는 존재가 되어 버립니다. 노동으로 인해 주인과 노예의 지위가 역전되는 것이죠. 주인은 이러한 노예의 노예가 되고, 노예는 노동을 통해 자기 본질을 실현함으로써 주인의 주인이 됩니다. 이렇게 두 자아의식은 서로를 대등한 것으로 인정합니다. 노동은 자아실현을 위해 필수적인 계기입니다.

또한 마르크스도 《경제학-철학 초고》에서 인간과 자연, 사회 간의 관계를 매개하는 노동의 중요성을 강조합니다. 마르크스는 세계 역사가 '인간 노동에 의한 인간의 생산물'이며, 또한 '인간을 위한 자연의 생성'이기 때문에, 인간과 자연 사이의 본질적 관계가 실현되어야만 한다고 주장합니다. 이 같은 관계를 구축하는 장이 사회이며, 그런 의미에서 노동은 자연과 연계하여 인간의 본질을 실현하는 것입니다. 이러한 관계를 현실에서 완전하게 구현하기 위해서는 사유재산이 폐지되고, 공산주의가 실현되어야 한다고 마르크스는 반복하여 강조했습니다. 노동을 통해 본질을 실현한다는 것은 아직 본 적도 없는 이상에 불과합니다.

하지만 이러한 자아실현으로써의 노동이라는 생각 자체가 역사적인 산물이라는 점을 잊어서는 안 됩니다. 아리스토텔레스는《정치학》에서 자유로운 시민은 노동하지 않는다고 말했습니다. 노동은 노예가 할 일이며, 노예는 기계나 악기 같은 도구를 사용하는 데 적합한 신체를 가진 '살아있는 도구'에 불과합니다. 고대 그리스인들은 노동이 지적 활동이나 정치적 행동과는 전혀 다른 활동이며, 그러한 활동과 노동 사이에는 명확한 차이가 존재한다고 생각했습니다.

### 노동을 향한 비판 - 마르크스와 니체

앞에서 언급한《경제학-철학 초고》에서 마르크스는 자본주의사회에서 노동의 존재를 '소외된 노동'이라는 개념을 통해 비판합니다. 소외된 노동이란 어떤 것일까요? 인간이 노동을 통해 상품을 생산한다는 것은, 곧 노동이라는 인간의 행동이 상품 내부에 고정되어 존재한다는 의미입니다. 이때 생산된 상품은 노동자인 인간 외부에 존재하는 이질적인 것입니다. "노동자는 상품에 생명을 불어넣는다. 그러나 그 생명이 노동자에 귀속되는 게 아니라, 상품에 귀속된다." 마르크스는 이처럼 말하며 노동과 상품의 관계가 결코 인간에게 행복한 것이 아니라는 점을 강조합니다. 노동자가 상품을 생산하여 가치와 부를 축적하지만, 노동자 자신은 점점 빈곤해지고 심신이 모두 피로해집니다. 자기 노동의 성과인 상품이 자기 것이 아니기 때문에 더 적대시하게 됩니다. 이처럼 노동의 인간답지 않은 모습이 바로 소외된 노동입니다.

마르크스가 소외라는 개념을 통해 노동의 부조리함을 밝혔다면, 프리드리히 니체(Friedrich Wilhelm Nietzsche)는 노동 찬미의 배후에 감춰진 진실을 까발리고자 했습니다. 《인간적인, 너무나 인간적인》에서 니체는 인간은 왜 과도하게 일하느냐는 질문에 대답하려 합니다. 인간은 욕망이 있습니다. 노동하는 이유는 욕망을 만족시키기 위해서입니다. 그러나 욕망이 진정되면 사람은 권태를 느낍니다. 이 권태는 채워야 할 욕망이 심하면 심할수록 강하게 느껴지는 법입니다. 권태로부터 탈출하기 위해서는 어떻게 해야 할까요? 더 많은 노동을 하거나, 노동 자체를 욕망으로 삼고 끊임없이 일해야 합니다. 일과 욕망을 일치시켜, 끊임없이 일하는 상태가 되면 소위 말하는 일벌레가 됩니다. 물론 그런 삶에서 벗어나 온화한 삶을 지향하는 사람도 있습니다. 예술가나 철학가는 그러한 삶을 원할 테지만, 니체는 그조차도 '망상'이라고 가차 없이 비판합니다.

그런데도 왜 사람들은 노동을 숭고하다고 생각하는 걸까요?

니체는 《아침놀》에서 노동은 개인의 힘이라는 위험을 길들이고 무력화시키기 위한 것이라고 말합니다. 그 이유는 가혹한 노동이 '사람들을 속박하고, 이성과 욕망, 독립심의 발달을 저해하기' 때문입니다. 과도한 노동으로 인해 피곤한 사람들은 사회적으로 '안전한' 사람으로 분류됩니다. 이 때문에 니체는 노동을 '최고의 경찰'이라고 불렀습니다. 밤낮없이 일하는 인간은 불필요한 생각을 하거나 나쁜 짓을 할 시간도, 에너지도 없을 것이라는 이유에서입니다.

## 기술의 진보와 분업

마르크스는 노동이 도구를 매개로 삼아 자연을 변용하는 일이라고 정의했습니다. 그러나 우리 세상을 멀리에서 바라보면, 이제는 많은 노동이 자연 외의 것을 대상으로 삼고 있다는 생각이 들 것입니다. 그 원인의 하나는 기술이 진보함에 따라 사회가 복잡해졌기 때문입니다. 거대화된 사회에서는 모든 인간이 자연을 대상으로 삼는 노동을 할 수 없기 때문에, 기술 자체가 대상이 되는 노동이나, 인간을 대상으로 하는 노동, 사회 유지가 목적인 노동 등 다양한 종류의 노동이 생겨났습니다. 사회가 복잡화됨에 따라 분업이 촉진되는 것이죠.

기술의 진보에 따라 노동 생산성이 향상되고, 기계가 발명되면서 지금까지 고통스러운 수작업에 의존해 왔던 작업이 간단하게 진행되기 시작했습니다. 프랜시스 베이컨(Francis Bacon)은 저서 《신기관》에서 '자연을 정복하는 방법은 자연에 종속되는 방법밖에 없다'고 했지만, 이는 인간을 위해 자연의 힘을 더 잘 이용하려면 자연을 잘 알아야만 한다는 의미를 내포하고 있습니다. 자연 관련 지식(과학)과 기술의 발전은 노동과 사회의 복잡화와 함께 효율화도 탄생시킨 것입니다.

알랭은 이런 상황 속에서 발전해 온 분업을 통해 도덕적 가치를 발견했습니다. '진짜 일은 다른 사람과 함께 하는 것이다. 그것은 들에서 하는 일이며, 거기서 생겨나는 것이 행복한 교류이자 인간이 단절되지 않는 분업이다.' 함께 일하는 것, 각자의 역할을 다하는 것, 그것이야말로 사람 간의 결속을 만들고, 나아가 행복 실현과도 이어진다고 알랭은 《마음의 모험(Les Aventures du coeur)》을 통해 이야기하고 있습니다.

에밀 뒤르켐(Emile Durkheim)도 《사회분업론》을 통해 도덕적 관점에서 분업의 중요성을 주장합니다. 뒤르켐은 분업을 통해 '개인이 사회에 대한 의존 상태를 의식할 수 있다'고 말합니다. 분업이란 노동이 본래의 대상인 자연과 분리되는 과정이며, 사회가 존재하기 위해 꼭 필요한 요소이기도 합니다.

그러나 분업으로 인한 사회적 역할의 세분화는 인간이 기계 부품처럼 취급당하는 사회의 도래를 의미해 왔습니다. 마르크스는 《자본론》에서 도구를 가진 인간이 자연을 대상으로 노동하는 것이 아니라 도구로써 기계를 움직이는 단순한 조작자가 되고, 바람, 물, 증기 등이 인간을 대신하게 될 것이라고 지적했습니다. '동력이 인간의 근육을 대체하는 것은 단지 우연이 아니게 될 것이다'라고 언급했으며, 기술의 진보와 함께 분업이 빠르게 진행되어 가는 사회에서 노동이 가지는 인간적인 의미가 위기에 빠질 것이라는 점을 시사하고 있습니다. 기술이 진보하게 되면 기계화나 자동화를 실현하여 인간 없는 노동을 가능하게 만들 것입니다. 무인 결제 시스템이나 자율 주행 자동차는 인간 없는 노동(또는 관련된 인간이 눈에 보이지 않는 노동)의 새로운 형태라고 말할 수 있겠죠. 그렇다면 기술은 인간의 자유를 위협하는 존재일까요?

### 기술의 위험

분명 기술은 인간 지성의 산물이며 단순한 도구이지만, 사고를 물질화한 것입니다. 그러나 기술이 진보하는 만큼 기술이 어떻게 활용되는지는 보이지 않게 됩니다. 예를 들면 현대 기술의 유산은 매우 세련되기 때문에 사용자가 그 체계를 몰라도 사용할 수 있습니다. 자신이 가진 스마트폰 내부를 자세히 알고 있는 사용자가 과연 얼마나 될까요? 사고는 기술의 유산 안에 구현되어 있으며, 사용자가 직접 사고할 일은 거의 없습니다. 가브리엘 마르셀(Gabriel Marcel)은 '기술이 진보하는 만큼, 사색은 점차 후퇴한다'라는 《대중사회에 반대하는 인간(Man Against Mass Society)》의 한 구절을 통해 이러한 사색의 망각 가능성을 정확하게 이야기하고 있습니다.

마르틴 하이데거(Martin Heidegger)는 기술의 위험성에 대해 더 확실하게 경고합니다. 그는 《기술에 대한 물음(Die Frage nach der Technik)》에서 우리는 기술을 중립적이라고 생각하고자 하지만, 그런 생각이 '우리가 기술의 본질에 대해 맹목적으로 생각하게' 만들며, 기술의 위험성을 간과하고 있다고 주장했습니다. 원전 사고의 예를 봐도 이러한 '중립성에 대한 환상'이 가진 위험성은 명확하게 드러납니다.

더욱이 기술의 위험성은 우리 세대뿐만 아니라, 미래 세대에도 심각한 영향을 가져올 가능성이 있습니다. 한스 요나스(Hans Jonas)가 《책임의 원칙(Das Prinzip Verantwortung)》에서 기술한 것처럼 우리에게 '지금 세대가 존재하기 위해 미래의 몇 세대가 존재하지 않을 것을 선택할 권리'는 없습니다. 기후변화 문제를 예로 들면 말 그대로 기술의 진보가 갖는 위험성이 미래의 인류 전체를 파멸시키는 결과를 초래할 수도 있습니다. 기술이 발전함에 따라 미래 세대에 대한 윤리적 책임이 더 커지고 있습니다.

그렇다면 기술을 부정하고 자연으로 돌아가야 하는 걸까요? '기술

혐오'라는 말은 우리가 잃어버린 근원적이고 순수한 자연으로 돌아가자고 요구합니다. 그러나 이러한 '순수한 자연'은 적어도 지금까지는 존재한 적이 없으며, 따라서 그곳으로 '회귀'한다는 것은 꿈같은 이야기에 불과합니다. 이러한 말은 물론이고, 최근 기술과 관련하여 발생하는 문제를 단순하게 부정한다면, 문제의 실상이나 해결책을 모색하고자 하는 노력을 무시하는 결과로 이어질 수 있습니다.

전적으로 기술을 긍정하거나 부정할 것이 아니라, 기술에 대한 철학적 비판이 필요합니다.

# 자유

## 자유를 정의하다

자유를 딱 하나로 정의하기는 매우 어렵습니다. 왜냐하면 자유라는 개념은 문맥에 따라 여러 가지 의미를 지니기 때문입니다.

예를 들어 물리적 의미에서 자유란 제약이 없는 것입니다. 인간이나 동물은 사슬로 매이거나 어딘가에 갇혀 있지 않는 한 자유롭습니다. 자유가 있으면 가고 싶은 곳에 갈 수 있고, 좋아하는 것을 할 수 있습니다. 그렇다고 해서 아무것이나 할 수 있다는 의미는 아닙니다. 인간이 하늘을 난다든가, 물 위를 걸어가는 일은 당연히 불가능합니다. 물리적으로 자유롭다고 해도, 자연이 부과한 제약에서 벗어날 수는 없습니다. 인간이건 낙하하는 돌이건 같은 물리법칙이 적용된다는 의미에서, 물리적인 자유는 자연의 본성을 따르는 순간에 한정된 자유라고도 할 수 있을 것입니다.

　그러나 자연의 본성을 따르면서도 물리적 자유를 증진시켜 주는
것이 있습니다. 바로 기술입니다. 이동 기술의 진보나 통신 기술의
발달로 인간은 과거에 생각할 수도 없었던 이동 및 커뮤니케이션의
자유를 손에 넣었습니다. 물론 모든 기술은 자연법칙의 한계 속에서
만 발전할 수 있지만, 기술은 살아있는 인간의 육신으로 할 수 없는
일을 가능하게 만들어 줍니다.

### 자기 지배로써의 자유

　자유는 물리적인 의미에만 한정되지 않습니다. 예를 들어 아리스
토텔레스는《니코마코스 윤리학》에서 '자기 자신에게만 지배받는 인
간'을 현자라고 칭했습니다. 본인을 제외하고는 그 어떤 제약도 받지
않는 사람이야말로 진정 자유롭다고 할 수 있을 것입니다.

　그러나 때로 인간은 자기 힘이 미치지 않는 사건에 농락당하기도
합니다. 자연재해나 질병, 또는 다른 사람의 행동은 우리 마음속 평
화를 뒤흔듭니다. 그런 상황에서도 자유롭기 위해서는 어떻해야 할
까요? 스토아학파의 에픽테토스(Epictetus)는 세상을 인식할 때 자기
힘이 미치는 일과 미치지 않는 일을 구별합니다. 자기 힘이 미치지
않는 일에 일희일비하는 것은 어리석은 일입니다. 또 자기 힘이 미치
는 일이라도 육체적 욕망에 휘둘리는 일은 좋지 않습니다. 모든 주의
가 자신의 마음으로 향해야 진정으로 자유로울 수 있습니다. 즉, 자
유는 물리적인 제약에 존재하는 것이 아니라, 내적 의지에 존재하는
것입니다. 그것만 알고 있다면 자유의지는 고문이나 폭력에도, 그보

다 더 가혹한 운명에도 굴복하지 않습니다(실제로 에픽테토스는 노예 시절에 고문을 받았다고 전해집니다).

자기 지배야말로 진정한 자유라는 생각은 에피쿠로스(Epikouros)의 '메노이케우스에게 보내는 편지'나 미셸 몽테뉴(Michel de Montaigne)의 《수상록》에서도 찾아볼 수 있습니다. 부나 명예, 권력 또는 건강조차 자기 외부의 존재로 간주하고, 이에 좌우되지 않는 삶을 영위하는 것이 진정한 자유라고 말합니다.

개인에게 적용하는 자유의 개념을 국가에 적용한다면, 자유로운 국가는 스스로 제정한 법을 따르는 국가일 것입니다. 자유로운 국가는 외적인 압력이나 국내 위법자들에게 법에 따라 대응할 것입니다. 그것은 위정자라도 예외가 없습니다. 자유로운 법치국가는 어떤 시민이라도 법을 지켜야만 한다고 요구할 것입니다.

### 사회에서의 자유

사회 안에서의 자유는 어떤 의미일까요? 사회 구성원이 권력으로부터 부당한 간섭이나 억압을 받지 않을 때, 사회 안에서 자유가 성립한다고 할 수 있습니다. 프랑스 혁명 직후에 불거져 나온 '인간과 시민의 권리 선언(이른바 인권 선언)'에서는 자유란 '타인에게 해롭지 않은 모든 것을 행할 수 있는 것이다'라고 정의합니다. 칸트도《도덕형이상학 정초》에서 각자의 자유가 다른 사람의 자유와 공존할 수 있다면 모두 옳다고 말합니다. 다른 사람의 권리를 침해하지 않는 한, 인간은 행동의 자유를 가진다는 의미입니다.

사회에서 자유를 규정하는 것이 법률입니다. 샤를 루이 몽테스키외(Charles-Louis de Secondat Montesquieu)는 《법의 정신》에서 '자유란 법률이 허락하는 모든 것을 할 권리이다'라고 서술했습니다. 법률은 합법과 위법의 구별을 만들고, 합법에 해당하는 모든 행위가 정당한 것이라고 사회 구성원에게 인정해 줍니다.

또한 법률은 권력을 행사하는 기반을 세우기도 합니다. 위정자의 자의적인 결정이 아니라 정당한 절차를 밟아 제정된 법률에 따라서만 권력을 행사할 때, 그 국가는 자유롭다고 말할 수 있습니다.

법률이 자유를 보장하기 위해서는 모든 사람에게 평등하게 적용되어야 합니다. 장 자크 루소(Jean-Jacques Rousseau)는 《사회 계약론》에서 사회의 모든 구성원이 자기가 보유한 권리를 공동체에 양도함으로써 이 같은 법률을 제정할 수 있는 권력(일반의지)이 생겨난다고 이야기합니다. 법률은 일반의지의 표현이며, 공동체의 공통된 이익을 위해 개개인의 이해를 초월하는 한편, 공동체 구성원의 권리를 보호하기도 합니다. 이처럼 시민은 공동체(루소는 '공화국'이라고 부름) 안에 있을 때 다른 사람과 공통으로 자기 생명, 재산 및 자유를 자기 것으로 지켜 갈 수 있습니다.

### 도덕적 자유

또한 자유는 개인의 도덕적 선택과 관련이 있습니다. 도덕적 의미에서 자유는 선과 악 중 어느 쪽을 선택할 수 있다는 가능성을 전제로 합니다. 인간은 자유로운 선택에 의해 악을 행할 수도 있습니다. 그러나 일단 악을 행하는 것(또는 선을 행하는 것)을 선택하면, 그 사람이 자기 행동에 책임을 져야 합니다.

아리스토텔레스는《니코마코스 윤리학》에서 일단 돌을 던지면 다시 그 돌을 되돌릴 수 없다는 예시를 들며 선택과 책임에 관해 설명합니다. 인간은 부정의와 무절제를 선택할 수 있습니다. 그러나 일단 선택하면, 그 행위는 없었던 일로 돌릴 수 없습니다. 혹시 그 같은 행위가 법에 저촉된다면 그 사람은 처벌받을 수도 있습니다. 인간은 자유를 통해 처음으로 자기 행동에 대한 처벌을 받게 되는 것입니다.

니체는《우상의 황혼》에서 '인간이 자유롭다고 생각하는 것은 오직 인간을 심판하고, 형을 선고하기 위한 목적 때문이다'라고 말하며 자유와 책임 간의 부정적인 관계를 밝히고 있습니다. 자유가 인간을 심판하는 것을 가능하게 만든 것입니다.

또한 장 폴 사르트르(Jean Paul Sartre)도 자유의 성가신 면에 주목했습니다. 사르트르는《실존주의는 휴머니즘이다》에서 '인간은 자유라는 형에 처해졌다'고 했습니다. 사람은 자유로워지고 싶어서 자유로운 것이 아니라, 태어나기를 자유롭게 태어났기 때문에 자기 행동에 책임을 져야 한다는 것입니다. 인간은 '이렇게 해야 한다'는 정해진 본질이 없습니다. 그렇기에 자신이 어떤 존재가 될 것인지는 자기의 존재 방법에 따라 결정해야만 한다는 의미입니다. 사르트르는 그것이 자기 자신에 대한 책임일 뿐 아니라, 인류 전체에 대한 책임이기도 하다고 생각했습니다.

### 자유의지의 문제

기독교에서는 도덕적 자유의 기초에 자유의지가 존재한다고 생각해 왔습니다. 자유의지란 인간이 선악을 선택할 자유를 의미하며, 이에 따라 인간은 죄를 범할 수도, 결백할 수도 있다는 것입니다.

만약 자유의지가 없다면 어떻게 될까요? 인간의 행위가 자기 선택의 결과가 아닌, 처음부터 결정되어 있었다는 것이 됩니다. 그렇게 되면 인간은 자기 행동에 책임을 지지 않아도 되는 것이죠.

그렇다면 누가 책임을 져야 할까요? 그것은 창조주인 신입니다. 만약 좋지 않은 사태가 발생했다고 합시다. 인간에게 자유의지가 없다면 인간이 벌이는 모든 악행의 책임이 신에게 있다는 의미가 되어 버립니다. 그러나 신은 완전한 선이기 때문에 신에게서 악이 기원해서는 절대로 안 됩니다(이처럼 신의 선성을 옹호하는 논의를 변신론이라고 합니다). 그렇다는 것은 그것이 어떤 악이든 인간이 악에 대한 책임을 져야만 하며, 그렇기에 인간이 자유의지를 가져야만 하는 것입니다.

르네 데카르트(René Descartes)는 인간이 가진 이러한 자유를 '무차별적 자유'라고 부릅니다. 그것은 모든 제약 없는 행동을 선택할 수 있는 의지이며, 그 의지 때문에 인간은 선 또는 악을 행할 수 있고, 상을 받거나 비난을 받을 수도 있습니다.

또한《도덕형이상학 정초》를 보면 칸트도 자유의지야말로 도덕적 자유의 기초라고 생각합니다. 칸트는 자유의지가 의지의 자립이라고 말합니다. 그러나 이 자립은 '욕망하는 것을 행하는' 것이 아니라고 경고합니다. 요컨대 선한 의지로, 그 의지에 따라 이성이 모든 인간에게 보편적으로 명령하는 것을 도덕적인 의무로써 행해야 한다는 것입니다. 도덕적 의무는 '정언명령'이라고 표현됩니다. 그것은 언제 어떤 상황에서도 모든 인간이 따라야만 하는 명령입니다. 이 명령은 이성(칸트는 실천이성이라고 부릅니다)을 통해 끌어낸 보편적 법칙입니다. 이처럼 이성으로 만들어 낸 도덕법칙을 의무로써 존중하며 따른다는 칸트의 논리학은 의지의 자립 위에 성립되어 있습니다.

이러한 자유의지를 정면에서 부정한 것이 스피노자입니다. 스피노자는 《에티카》에서 '자기 자신이 자유롭다고 믿는 사람은 자기 행동에 대해서는 의식하지만, 그러한 결정을 내리게 된 원인을 모르기 때문에 그렇게 믿는 것이다'라고 말합니다. 스피노자는 자유의지가 환상에 불과하다고 생각합니다. 왜냐하면 스피노자에게 세상 만물은 신이 필연적으로 창조한 것이며, 모든 일은 필연적인 인과 관계로 인해 연쇄적으로 발생한 것이기 때문입니다. 거기에는 우연이나 선택의 자유는 일절 존재하지 않습니다. 자기 자신이 자유롭다고 잘못 믿는 사람들은 만물의 원인인 신에게서 발생하는 연쇄적 필연성에 대해 무지하기 때문에 자유를 구가할 수 있다는 것입니다. 이러한 입장을 결정론이라고 부릅니다.

칸트에게 자연법칙은 결정론적인 세계이고, 도덕법칙은 자유의지를 전제로 하는 세계이므로, 이 두 세계를 중재하여 하나로 정리할 수는 없습니다. 그러나 스피노자에게 인간을 자연법칙의 예외로 두고 그 자유를 인정하는 것은 '국가 안의 국가'를 만들어 내는 것일 뿐입니다. 신에게서 기원한 필연성을 가진 '국가' 안에 인간의 독자적인 질서는 존재할 수 없습니다.

그러나 스피노자가 모든 자유의 가능성을 부정하는 것은 아닙니다. '슐러(의사로 스피노자의 마지막 제자 - 옮긴이)에게 보낸 편지'에서 '나는 자기 본래의 필연성에 의해서만 존재하고 행동하는 사물을 자유롭다고 합니다. 반대로 다른 사물에 의해 결정됨으로써 존재하고 행동하도록 결정지어진 것은 강제되었다고 말합니다'라고 이야기합니다. 여기서 말한 '자기 본래의 필연성에 의해서만 존재하고 행동하는 것'이란 바로 신입니다. 이 필연성을 인식하는 것이 스피노자가 말하는 자유인 것입니다.

여기까지 살펴본 것처럼 자유란 하나의 개념도, 명확한 개념도 아닙니다. 따라서 문제에서 말하는 자유가 어떤 자유인지를 명확하게 밝히고, 자유에 대해 생각해 볼 필요가 있습니다.

# 정의

### 정의란 무엇인가?

아리스토텔레스는《니코마코스 윤리학》에서 정의란 '법률에 비견되는 존재이며, 공평함을 존중하는 것'이라고 했습니다. 이 의미에 따르면 법률을 지키는 것은 정의로운 것입니다. 스피노자도《신학·정치론》에서 '정의란 시민이 가지는 권리에 의해 각각의 사람에게 속해 있는 것을 인정하는 확고한 마음가짐이다'라고 말했습니다. 이 권리를 보장하는 것이 법률이며, 정의란 법률이 안정된 기초 위에 성립할 수 있습니다.

플라톤(Platon)도 대화편인《소크라테스의 변론·크리톤》에서 사형 선고를 받은 스승 소크라테스의 말을 빌려, 국가가 제정한 법률에서 정의를 찾는다는 견해를 제시했습니다. 소크라테스는 조국이란 아버지나 어머니보다도 그리고 신들보다도 높은 위치에 있으며, 설사 죽음의 위험이 도사리고 있다고 해도 법률을 따라야 한다고 단언했습니다. 플라톤은 조국의 법률이야말로 정의로운 것이며, 그것을 배반하는 것은 무릇 덕이 있는 행동이 아니라고 말합니다.

그러나 우리는 정의를 배반한 법률이나 법률을 배반하는 정의를 상상할 수 있습니다. 애당초 소크라테스에게 내려진 사형 선고가 정말 정의로운 것일까요? 혹은 과거 남아프리카 공화국의 아파르트헤이트(Apartheid, 제2차세계대전 이후 남아프리카 공화국에서 채용한 백인 우위의 인종차별정책으로, 1991년에 폐지됨 - 옮긴이)처럼 인종차별을 인정하는, 명백하게 잘못된 법률을 따르는 것도 정의롭다고 할 수 없습니다.

그리고 평등함이 반드시 정의롭다고 하기 어려운 경우도 있습니다. 유복한 사람과 가난한 사람에게 같은 금액의 세금을 매기는 것은 평등하기는 해도 정의로움과는 거리가 멉니다. 이 경우에는 오히려 각각의 상황에 맞는 공정한 조세란 무엇인지가 문제시될 수 있습니다(원래의 조세 체계 자체도 아주 불공평하다고 생각하지만).

마르크스와 프리드리히 엥겔스(Friedrich Engels)는 《공산당 선언》에서 근대 국가권력이 지배계급인 부르주아의 이익에 봉사하고 있다고 지적합니다. 도덕이나 종교처럼 법률도 부르주아의 이익을 반영

한다고 생각한 것입니다. 이런 식으로 법률을 인식하면 법률을 통해 만인의 권리를 보증할 수 없으며, 정의도 실현될 수 없습니다.

그러나 근대국가의 탄생 이전부터 정의와 법에 관한 문제는 중요했습니다. 만약 근대법이 부르주아의 이익을 대변하고 있다고 하더라도 이는 다른 시각에서 정의 고찰과 양립할 수 있습니다.

정의란 무엇인가를 묻는 것은 법이란 무엇인가, 평등 또는 공평이란 무엇인가를 묻는 것이기도 합니다. 이제 몇 가지 시점에서 정의에 대해 정리해 보죠.


### 자연 상태와 사회 계약

애초에 정의와 법은 어디에서 기원했을까요? 이 질문은 '사회 계약'이라는 개념을 통해 생각해 볼 수 있습니다.

국가나 사회가 존재하지 않는 상태라고 가정해 보겠습니다. 그 상태에서는 사람들이 서로를 다치게 하는 전쟁이 끊임없이 반복됩니다. 이를 '자연 상태'라고 합니다. 신체나 생명의 안전은 물론, 개인의 재산도 전혀 지킬 수 없습니다. 심지어 사람들 간 힘의 관계가 불안정해서 가장 강한 사람조차 그 생명이나 재산이 안전하다고 보기 어렵습니다.

자연 상태를 끝내기 위해서는 구성원 모두가 서로의 생명이나 재산을 존중하는 것에 동의해야 합니다. 즉, 사람들은 자신이 원하는 바를 무질서하게 행해서는 안 되고, 다른 사람의 생명과 재산에 대해 자기 힘을 무제한으로 행사해도 안 됩니다. 이처럼 사람들이 자기 권리의 전부, 또는 일부를 특정 개인 또는 집단에 위탁하는 것에 동의

해야 합니다. 이 동의가 '사회 계약'이라고 불리는 것입니다.

토마스 홉스(Thomas Hobbes)는 《리바이어던》에서 이 사회 계약 모델을 토대로 군주가 신민에게 권리를 위탁받고, 주권자로서 법률을 제정하는 국가의 존재 방법에 대해 묘사했습니다. 법으로 인해 자연 상태가 종료되고, 사람들은 죽음을 피하게 되었으며, 평화로이 살아갈 수 있게 됐습니다. 이것은 군주가 정의를 실현하는 사람이며, 그 수단이 법률이라는 의미입니다.

앞에서 본 루소는 사회 계약의 결과로써 생겨난 것이 군주가 아닌 공화국이라고 봤습니다. 사람들은 거기서 자연 상태에서 갖고 있었던, 무엇이건 좋아하는 일을 할 수 있는 무제한의 권리를 잃어버렸지만, 일반의지가 제정하는 법률을 토대로 시민이 가질 수 있는 자유를 손에 넣었습니다. 이처럼 루소는 법률로 인해 정의가 실현된다고 말했습니다. 정의는 신에게서 유래하였지만, 그 이념이 법률로 실현되었기 때문에 인간에게 의미가 생겨났습니다. 그런 의미에서 인간에게 정의는 법률이 생긴 다음에야 처음으로 나타나는 것입니다.

### 자연법과 실정법

사회 계약으로 성립된 정치 제도가 제정한 법률은 대부분 국가 구성원의 권리와 의무를 명문화하여 규정하고 있습니다. 이러한 법률을 실정법이라고 부르는데, 때로 입법자에 의해 자의적으로 제정될 수도 있습니다. 법률이 정의를 결정한다면, 이로 인해 부정한 법률도 정의롭다고 보장하게 됩니다. 이는 불합리합니다. 그렇다면 법률이 정의를 성립시키는지를 판단하는 기준은 어디에 있을까요? 바꿔 말하면 무엇이야말로 법률이 정의롭다는 것을 보장할 수 있을까요?

몽테스키외는 《법의 정신》에서 이러한 원칙에 대해 '일반적으로 법이란 그것이 지상의 모든 사람을 통치하는 한, 인간 이성이다'라고 서술하고 있습니다. 즉, 법률이란 인간 이성의 산물일 뿐입니다. 이성은 인간이 태어날 때부터 갖고 있었던 자연스러운 본성입니다. 이처럼 이성의 존재는 자연권 또는 자연법이라고 불리는데, 이것은 조물주인 신에게서 유래한 것입니다.

자연법은 영원불변한 것이지만, 실정법은 그렇지 않습니다. '각국의 국가 제도에 관한 법과 공민에 관한 법은 이 인간의 이성이 적용되는 개별 사례에 불과하다'라고 몽테스키외는 계속해서 이야기합니다. 즉, 개별 법률의 정당성은 이성에 비추어 판단됩니다.

레오 스트라우스(Leo Strauss)는 《자연권과 역사》에서 자연권의 개념을 '인간 내부에는 자신이 속한 사회에 완전하게 예속되지 않는 무언가가 존재한다'고 지적합니다. 그렇기에 자연권은 각각의 사회가 규정하는 법률을 넘어서는, 정의의 보편적 기준이 될 수 있다고 주장합니다.

그러나 모든 실정법이 자연법의 원칙을 따른다고 단언하기는 매우 어렵습니다. 원래 법률은 국가에 따라 다르고, 같은 행동이라도 어떤 국가에서는 합법이지만 또 다른 국가에서는 위법이기도 합니다. 그리고 시대가 변하면 합법과 위법의 구별도 바뀝니다. 그런 의미에서 법률은 상대적입니다. 이런 점에 대해 블레즈 파스칼(Blaise Pascal)은 《팡세》에서 '피레네산맥 이쪽에서의 진리는 저쪽에서는 오류다'라고 서술했습니다. 현재의 프랑스와 스페인을 가르는 피레네 산맥 양쪽에서 진리나 정의를 판단하는 기준이 다르다는 말입니다. 이 말은 법률이건 정의건 그것이 자연법에 근거한다고 하더라도 절대적이지 않다는 의미입니다.

그런데 실정법만을 법학의 대상으로 여기는 법실증주의에서는 실정법 제정과 그것을 준수하기 위한 사법·행정기구만을 정의의 전제라고 여깁니다. 결국 법실증주의 입장에서는 법률은 정의를 규정하고, 정의는 법률 이외의 어떠한 기반도 갖지 않습니다. 그러나 합법하다고 해도 정당하지 않은 법률도 존재합니다. 차별을 용인하는 법률은 그것이 절차상으로는 합법이라고 하더라도 결코 정당한 것은 아닙니다. 법률이 정의로 존재하기 위해서는 그것을 지지하는 원칙이 필요한 것입니다.

### 법의 한계, 법률은 항상 공정한가?

합법하지만 정당하지 않은 법률은 법과 정의의 관계에 긴장을 초래합니다. 어떻게 하면 법과 정의가 현저하게 엇갈리는 것을 막을 수 있을까요? 한 가지 방법은 국가 체계 안에 해결 수단을 가지는 것입니다. 몽테스키외는《법과 정신》에서 자유를 위해 입법권, 집행(행정)권, 사법권이라는 세 가지 권력을 꼭 분립시켜야 한다고 말했습니다. '혹시 동일한 인간, 귀족 또는 인민 유력자의 동일 단체가 이 세 가지 권력(중략)을 행사한다면 모든 것을 잃게 될 것이다'라고 역설적으로 말했습니다. 이처럼 입법권이 항상 다른 두 개의 권력으로부터 감시받고, 정당하지 않은 입법을 계속해서 수정하는 국가 체계가 성립된다면 법률과 정의가 가까워질 수 있을 것입니다.

그러나 법률 자체의 정당성에 문제가 없다고 해도 모든 것이 해결되는 것은 아닙니다. 아리스토텔레스는《니코마코스 윤리학》에서 '법은 항상 보편적이지만, 개별 사례에 대해서는 정확하게 들어맞는 보편적인 방법이 아닐 때도 있다'고 말합니다. 법률이 일반적인 법칙인 이상, 미리 개별 사례의 특수성까지 고려할 수는 없습니다. '법에서 빠져나올 구멍'은 다양한 형태로 존재합니다.

에티엔 보노 콩디야크(Étienne Bonnot de Condillac)는《유의어 사전(Dictionnaire des synonymes)》에서 정의와 공정의 차이에 대해 '전자는 법률의 조문에 따라 판단하고, 후자는 법률이 만들어졌다고 여겨지는 정신에 따라 판단한다'는 해석을 적용합니다. 즉, 콩디야크는 판단할 때 법률 조문만 근거로 삼을 것이 아니라, 그것을 지지하는 '정신'을 고려해야 할 필요성을 주장했습니다. 정의로우면서도 공평하기 위해서는 법률을 지지하는 원칙이 있어야 합니다.

이 원칙을 아리스토텔레스의 입장에서 생각해 보겠습니다. 아리스토텔레스는《니코마코스 윤리학》에서 정의를 전체적 정의와 부분적 정의로 구별합니다. 전체적 정의는 법 준수와 덕이 있는 행동 내부에 존재합니다. 부분적 정의는 두 가지로 구분됩니다. 교환적 정의와 배분적 정의입니다. 일반적으로 교환적 정의는 개인에게 같은 물건이나 권리를 부여할 때 적용되는 원칙이며, 배분적 정의는 개인에게 그 필요 또는 공적에 적합한 물건이나 권리를 적절한 차이를 두고 부여하는 원칙입니다.

법과의 관계를 들어 설명하자면 교환적 정의는 개인 간 상호 법적 권리를 존중하는 것입니다. 모든 인간이 법률로 보장되는 권리를 평등하게 갖기 때문에, 사회 구성원은 자기 권리를 존중하듯 타인의 권리도 존중해야 합니다. 그것이 교환적 정의의 원칙이며, 이를 위법 행위를 통해 파괴하면 법률에 따라 판결하고, 때로는 처벌받기도 합니다.

배분적 정의는 일반적인 법의 원칙을 개별 사례에 적용할 때의 원칙입니다. 법률로 규정된 위법 행위는 법률을 토대로 처벌합니다. 그러나 예를 들어 도둑의 양형은 일률적으로 정해져 있지 않습니다. 현재 일본에서는 10년 이하의 징역 또는 50만 엔 이하의 벌금이라고 규정하고 있습니다. 다만 범행의 상황이나 훔친 대상의 가치, 또는 용의자가 범죄를 저지르게 된 사정이나 반성의 정도 등에 따라 다양한 요인을 고려하여 양형을 결정합니다. 물론 그러한 양형 결정 방법이 적절한지에 대해 논란은 있지만, 거기에는 일반적인 원칙을 범죄라는 개별 사례의 상황에 맞춰 적용하려는 의도가 있습니다.

즉, 정의는 법률로 완전하게 규정되는 것이 아니며, 배분적 정의의 원칙에서도 볼 수 있듯이 법률의 일반성과 구체적인 부분을 조정할 통찰력 또는 실천적 지성이 필요합니다. 이와 더불어 정의는 자연적 불평등이 사회적 불평등으로 인해 확대되지 않는지 감시하는 역할도 합니다.

더 말하자면 그 과정에서 아직 인정받지 못한 새로운 권리를 마주할 수도 있습니다. 예를 들면 기후변화 문제나 성적소수자들의 권리 이슈는 아직 법적으로 충분한 지위를 갖지 못했으며, 서서히 그 권리를 인정받아 가는 과정 중에 있습니다. 고트프리트 라이프니츠(Gottfried Wilhelm von Leibniz)는 그러한 권리를 예견하는 것은 이성이 아니라 '자애'라고 말합니다. 자애는 정의의 마음이며, 정의를 발전시키는 원칙이기도 합니다. 라이프니츠는 자애를 '현자의 정의'라고 불렀습니다. 아리스토텔레스도 정의를 가장 중요한 덕이라고 여기며, '초저녁의 별이건 새벽의 별이건 정의만큼 빛나지는 않는다'라며 그 지고한 지위를 표현했습니다. 정의는 법으로 규정됨과 동시에, 개인이 갖추어야 할 덕이기도 합니다.

이 장에서는 프랑스 고등학교의 철학 교육에서 노동, 자유, 정의와 같은 주제를 어떤 식으로 다루고 있는지, 그 일부를 소개했습니다. 이처럼 주제별로 수업할 때도 있지만, 복수의 주제를 섞어서 고찰할 때도 있다고 합니다. 학생들은 여기서 다루는 철학자의 저서 발췌를 활용하여 그 안에서 전개되는 논리를 더 상세하게 살펴봄으로써, 철학적인 논의 방법이나 그 표현을 배웁니다. 물론 이러한 논의 내용을 토대로 소논문을 쓰고, 그것을 교사가 첨삭하는 연습도 정기적으로 진행합니다. 그런 의미에서 철학 수업은 단순한 강의가 아니라, 스스로 읽고, 생각하고, 쓰는 것이며, 교사에게 첨삭이라는 피드백을 받음으로써 더 깊이 생각하고 쓰는 실천의 연속입니다.

다음 장에서는 이 실천 연습 중 생각하고 쓰는 절차에 초점을 맞추어, 소논문 답안을 작성하는 방법을 살펴보겠습니다.

*Le Baccalauréat*

5장

사고의 틀로 철학을 하다

# 사고의 틀은 어떻게 사용되는가?

지금까지 바칼로레아 철학 시험에서 사용되는 사고의 틀이 실제 어떤 것인지를 살펴보았습니다. 3장에서도 예시를 들어 설명했지만, 이 장에서는 더욱 구체적인 사용법을 살펴보겠습니다.

실제 바칼로레아 철학 시험에서 출제된 다음의 세 가지 문제를 통해 이 문제에 대답하는 방법을 생각합시다.

1. 노동은 우리를 더 인간답게 만드는가?
2. 기술은 우리의 자유를 증진시키는가?
3. 권력 행사와 정의 존중은 양립 가능한가?

모두 바칼로레아 철학 시험 문제이지만, 다른 나라에 사는 우리가 현재 직면한 상황과도 관련 있는 것처럼 느껴집니다. 노동과 인간성에 관한 질문은 블랙 기업(노동자들에게 저임금, 장시간 노동 등 불합리한 노동을 강요하는 기업을 이르는 말 - 옮긴이) 문제나 일하는 방법 개혁을 둘러싼 논의를 연상하게 합니다. 또 기술과 자유에 관한 문제는 최근 기술 진보로 인한 공로와 과실을 포함한, 인간 사회에서 일어나는 모든 변용이 한창 논의되는 모습을 보면 근본적인 질문인 것처럼 생각하게 됩니다. 또한 권력 행사와 정의의 관계를 묻는 세 번째 문제는 입헌주의나 격차사회에 관련된 다양한 논점을 상기시킵니다. 그런 의미에서 이 문제들은 바칼로레아 철학 시험 문제지만, 우리 사회나 생활과도 연관이 있는 것입니다.

그러나 이 같은 오늘날의 관심사들은 일단 제쳐 두겠습니다. 왜냐하면 우리와 연관된 문제를 생각할 때는 문제를 대하는 자신의 의견이나 입장에 영향을 받다 보니, 자기 의견이나 반대 의견이 옳은 이유를 말하기 어려워 실수가 잦아지기 때문입니다. 또한 시사적인 문제에 과도하게 이입하면 표면적인 논의만 하고 말 위험도 있습니다. 따라서 한번 현재의 구체적인 문제나 그에 대한 자신의 주장과 거리를 둔 상태에서 이러한 문제를 생각해 볼 필요가 있습니다. 그러기 위한 방법이 3장에서 자세하게 살펴봤던 사고의 틀입니다.

이제 세 가지 문제를 사고의 틀에 맞추어 생각하는 방법을 살펴봅시다. 우선적인 목표는 구성안(소논문 작성을 위한 설계도)을 만드는 것입니다. 분석하면서 4장에서 소개한 철학적 입장이나 철학자의 주장을 활용하겠습니다.

그런데 여기서 다루는 구성안은 가능한 한 가지 답을 도출한 것이지, 유일한 정답은 아닙니다. 각 문제의 마지막에 다른 답의 예시를 간단하게 서술하겠습니다.

## 노동은 우리를 더 인간답게 만드는가?

### 1. 문제의 주제
노동

### 2. 문제의 형태
'네, 아니요'로 대답할 수 있는 것

### 3. 표현의 정의
꼭 정의해야 할 표현은 '노동'과 '인간답다'입니다. '노동'은 '인간이 목적을 가지고 도구를 활용하여 행하는 자연의 변용'이라고 거듭 정의해 왔습니다. 그러나 이 정의는 대상이 자연이 아닌 노동을 포함하지 않는다는 측면에서 한정되어 있습니다. 문제를 분석해 보고 이 정의가 불충분하다고 생각되면, 그때 정의를 수정하도록 하겠습니다.

'인간답다'라는 표현은 어떤 의미일까요? 인간으로 태어난 이상, 인간은 인간답다. 물론 그렇게 생각할 수도 있죠. 하지만 여기서 주목할 점은 '더'라는 비교를 나타내는 단어입니다. '인간답다'라는 말에는 정도의 차이가 존재하는 듯합니다. '더 인간답다'를 '인간이 본래 살아가는 방법과 더 가깝다'라는 의미로 가정해 보겠습니다. '인간이 본래 살아가는 방법'이라는 표현은 아직 애매하지만, 일단 출발점으로는 충분합니다.

### 4. 문제에 '네, 아니요'로 대답한다

'네'라는 대답은 '노동은 우리를 더 인간답게 만든다', '아니요'는 '노동은 우리를 더 인간답게 만들지 않는다'로 충분합니다. '아니요'에 대해서는 '노동은 우리를 반드시 더 인간답게 만들지는 않는다'나 '노동은 우리를 더 인간답기는커녕, 오히려 인간답지 않게 만든다'라는 뉘앙스를 넣어도 틀리지 않습니다. 일단은(이상한 말이지만) 더 중립적인 부정 표현으로 해 두겠습니다.

### 5. 문제를 질문의 집합으로 변환한다

다음으로 이 문제를 복수 질문의 집합으로 만들어 보죠.

· 노동이란 어떤 행위인가?

· 인간답다는 것은 어떤 의미인가?

· 노동은 왜 우리를 더 인간답게 만드는가?

· 노동은 어떻게 우리를 더 인간답게 만드는가?

· 만약 노동이 우리를 더 인간답게 만들지 않는다면, 그것은 어떤 경우인가?

위와 같은 질문에 '네, 아니요'라는 각 입장에서 생각해 보는 것이 문제 풀이의 다음 단계가 됩니다.

### 6. 답안의 방향을 정한다

답안을 대략적으로 노동은 '인간의 본질을 실현하는 행위'라는 입장과 오히려 인간을 그 본질에서 멀어지게 하는 '인간답지 않은 행위'라는 두 가지 입장에서 생각해 볼 수 있습니다. 각각 '네, 아니요'에 대응하지만, '네'에서 '아니요' 또는 '아니요'에서 '네'의 순서로 논의하여 답안을 작성하면 합격점을 받을 수 있을 것입니다.

그러나 여기서는 제3의 입장에서 양자를 통합하는 답안을 생각해 봅시다. 노동이 항상 우리를 더 인간답게 만든다고는 할 수 없습니다. 오히려 우리는 노동으로 인해 비참한 상황에 빠지기도 합니다. 이시카와 다쿠보쿠(石川啄木, 사회주의에 깊은 관심을 가진 일본 시인 – 옮긴이)가 대표작 《한 줌의 모래》에서 말했듯 '일하고 일해도 여전히 내 생활은 편해지지 않는구나, 가만히 손을 바라본다' 만큼은 아니지만, 인간은 노동 때문에 심신이 모두 지치기도 합니다.

그렇다면 그것이 과연 노동의 본질일까요? 우리는 일하는 보람이나 즐거움을 추구합니다. 이처럼 '즐거운 일'은 아마도 우리의 삶을 더 인간답게 만들 테죠. 물론 일종의 '보람 착취'일 가능성도 있습니다. 그렇다고 해도 이러한 점을 통해 단순하게 노동이 좋다, 또는 반대로 나쁘다고 단언할 수 없다는 점을 알 수 있습니다.

그럼 무엇이 문제일까요? 아마도 노동 자체가 비인간적이라는 뜻은 아닐 것입니다. 사회 안에서 노동이 조직되는 방식에 따라 우리를 인간답게 만들기도, 또는 인간다운 삶에서 멀어지게 하기도 하지 않을까요?

즉, 문제에 '네'와 '아니요'로 대답해 봄으로써 어떤 의견도 충분하지 않다는 점이 판명됐습니다. '노동은 우리를 더 인간답게 만든다'라는 대답은 현실에서 노동이 초래한 문제를 회피하고 있습니다. 반대로 '노동은 우리를 더 인간답게 만들지 않는다'라는 대답은 노동의 긍정적인 성질을 간과했습니다. 두 가지 입장이 양립하지 않는다면, 중재점을 찾아봐야 합니다. 그것이 제3의 입장입니다.

그렇다면 이제 구체적인 구성안을 살펴볼 차례입니다.


### 7. 구성안 만들기

[도입]

· 좁은 의미에서 노동이란 인간이 목적을 갖고 행하는 자연의 변용이다. 그것은 도구의 사용을 동반하는 인간 고유의 행위이며, 또한 인간의 본질이다.

· 그렇다면 노동이 우리를 더 인간답게 만드는 것은 당연하다.

· 그러나 실제로는 노동에 대한 고통이나 지루함이 자주 강조된다. 그런 점에서는 마치 노동이 비인간성을 상징하는 것 같다.

· 노동은 인간에게 과연 어떤 의미를 가지는가?

· 노동이 우리를 더 인간답게 만든다면 그것은 어떤 이유에서이며, 또 어떤 과정을 거치는가?

· 노동이 우리 삶을 향상시키는 데 기여하지 않는다면 그것은 어떤 경우인가?

· 결국 노동은 우리를 더 인간답게 만드는가?

[전개1] **노동은 우리를 더 인간답게 만든다**

· 마르크스에 따르면, 노동은 인간 고유의 행위이다. 노동은 인간을 동물과 구별하는 인간의 본성이며, 나아가 노동을 통해 인간은 그 본성을 실현한다.

· 인간에게 있어 노동의 이러한 본질적인 모습을 헤겔은 《정신현상학》에서 '주인과 노예의 변증법'으로 표현했다. 두 자아의식이 자아의 인정을 놓고 싸울 때, 승리한 쪽은 '주인'이 되고 패배한 쪽은 '노예'가 된다. 노예는 자유를 잃고 주인의 욕망을 충족시키기 위해 노동한다. 그러나 노예는 자연을 상대로 노동함으로써 독립적인 존재가 되고, 주인은 노예의 노동에 의존하는 존재가 된다. 즉, 노동을 통해 주인과 노예의 지위는 역전된다. 그런 의미에서 노동은 인간다운 자아를 만들어 내는 행위이기도 하다.

· 하지만 노동은 고통이기도 하다. 목적 달성을 위해 일하는 사람은 끊임없는 의지의 긴장을 필요로 한다. 설령 노동이 그 목적에 있어 인간의 본질을 실현한다고 하더라도, 그 실현 과정은 고통을 동반한다.

· 그럼에도 노동이 우리를 더 인간답게 만든다고 말할 수 있을까?

[전개2] **노동은 우리를 더 인간답게 만들 리가 없다**

· 고대의 노동은 인간의 본질을 실현하는 행위가 아니었다. 아리스토텔레스는 《정치학》에서 자유인과 노예를 구별하고, 노동은 그에 적합한 신체를 가진 노예의 일이라고 생각했다.

· 또한 니체도 노동의 가치를 찬미하는 데 의문을 표했다. 그는 《아침놀》에서 노동은 '최상의 경찰'이라고 말했다. 니체에 의하면 노동이란 인간성을 억압하는 것임이 틀림없다.

· 다른 시점에서 노동을 비판한 사례로 마르크스가 《경제학-철학 초고》에서

논의한 내용을 들 수 있다. 마르크스는 노동자가 더 많은 부를 생산하면 할수록 노동자 자신은 점점 빈곤해져 가는 과정을 '소외된 노동'이라는 개념으로 나타냈다. 노동자는 자기 노동의 성과로부터 멀어질 뿐 아니라 그에 귀속되어 살아가게 된다. 그것은 노동의 인간답지 않은 형태이다.

· 이처럼 노동은 인간의 본질이기는커녕, 인간을 본질에서 멀어지게 만든다. 소외된 노동이라는 개념은 특히 우리가 노동으로 인해 인간답지 않은 환경에 놓이게 되는 시스템을 보여 준다.

· 하지만 노동의 인간답지 않은 부분이 결국 노동의 본질인가? 노동에 대한 칭찬은 모두 틀린 것인가? 아니면 '좋은 노동'이 존재하는가?

### 전개3 노동의 이상적인 모습이 우리의 이상적인 모습을 규정한다

· 확실히 노동은 고통스럽지만, 한편으로는 헤겔이 이야기한 것처럼 자연의 욕구를 충족시키는 존재와는 달리 인간을 변용시키는 활동이다. 그런 의미에서 노동에는 확실히 긍정적인 의의가 존재한다.

· 만약 노동이 인간답지 않다면 그 원인은 노동 자체가 아니라, 노동 조직의 모습에 존재하는 것은 아닐까?

· 마르크스와 엥겔스는 소외된 노동의 원인을 계급 투쟁에서 찾았으며, 이를 해결하고자 공산주의를 구상했다. 노동으로 생산한 부를 가능한 한 공정하게 분배하여 소외 없는 노동 조직, 나아가 이상적인 사회의 모습을 고안하는 것은 우리를 더 인간답게 만드는 노동을 만들어 가는 하나의 방법이다.

· 이에 더해 이상적인 노동 자체에 대해서도 생각해 봐야 한다. 노동의 목적을 항상 의식하거나, 노동이 끊임없이 다음 노동을 만들어 내는 '노동을 위한 노동'이 아닌, 알랭의 말처럼 노동 그 자체를 통해 쾌락이나 '즐거움'을 끌어낼

수도 있지 않을까. 다시 말하면 자기실현과 성장의 수단으로써 의미가 있는 노동의 가능성을 사색해 봐야 한다는 의미이다.

[결론]

· 인간은 노동을 통해 자기 본질을 실현할 수 있다.

· 그런 동시에 노동은 고통을 초래하는 행위이기도 하다. 소외된 노동이라는 개념은 노동의 비인간성을 단적으로 표현한다.

· 그렇지만 노동에는 긍정적인 의의가 여전히 존재한다. 소외된 노동이나, 노동을 위한 노동에서 탈피하는 방법을 생각해 보는 것 또한 중요한 지적 노동이며, 우리를 더욱 인간답게 만드는 활동이라고 볼 수 있다.

· 결국 그것이 안고 있는 문제에도 불구하고, 노동은 앞으로도 여전히 우리를 더 인간답게 만들 것이다.

· 그러면 노동이 우리를 인간답게 만드는 가장 좋은 수단인가?

## 작성 가능한 다른 답안

지금까지 도입·전개·결론의 구성안 예시를 살펴보았는데요. 당연히 이와 다른 답안을 작성할 수도 있습니다. '네, 아니요'라는 두 가지 입장 중에서 어느 한쪽을 지지할 수도 있습니다. 그 경우에는 결론 직전에 배치하는 의견(즉, 자기가 지지하는 입장)이 우위에 있다는 점을 확실하게 나타내야 합니다. 구체적으로는 처음 입장의 논거에 대해 반론해야 합니다. '네'에서 '아니요'라면 노동이 인간답다는 점을 부정하고, '아니요'에서 '네'라면 노동의 가치를 칭찬해야만 합니다. 논의의 방향이 명쾌하다면 그 또한 좋은 답안입니다.

또 예시에서는 '네 → 아니요 → 제3의 입장'이라는 구성을 차용했지만, '아니요 → 네 → 제3의 입장'이라는 순서도 좋습니다. 예를 들어 인간답지 않은 노동에 대해 논의한 다음, 노동의 긍정적인 측면에 대해 고찰해 나갑니다. 그러면 '왜 본래 인간다운 노동이, 현실에서는 인간답지 않게 나타나는가?'라는 질문을 던질 수 있을 것입니다. 구성안은 어디까지나 하나의 예시에 불과합니다.

문제2 자유

## 기술은 우리의 자유를 증진시키는가?

### 1. 문제의 주제
기술, 자유

### 2. 문제의 형태
'네, 아니요'로 대답할 수 있는 것

### 3. 표현의 정의
'기술'과 '자유'라는 표현을 정의해야 합니다. 나무 지팡이나 석기 같은 단순한 것부터 컴퓨터나 로켓, 원자로 같은 복잡한 것까지 만들어 내고 활용하는 것이 기술이지만, 그 목적은 노동이라는 행위를 보다 편리하고, 과거보다 효율적으로 만드는 것입니다. 기술은 노동과 뗄 수 없는 관계입니다.

'자유'의 정의는 더 넓습니다. 그 이유는 자유라는 개념이 사용되는 문맥에 따라 다른 의미를 띠기 때문인데, 여기서는 '제약의 부재'를 자유라고 정의하겠습니다. 그렇다고 해도 이 정의에는 다양한 조건이 붙는다는 점을 잊지 마세요. 예를 들어 사회 구성원이 정치적으로 자유롭기 위해 개인이 자기가 마음대로 행동하는 것을 용납하지 않는 법이나 도덕 같은 제약이 존재합니다. 그 안에서 자유가 성립한다는 점을 떠올려 보면, 자유에서 제약을 단순하게 취급하면 안 된다는 점을 알 수 있을 것입니다.

그런데도 이런 전제를 의식하면서도, 문제 문장의 의도에 따라 '제약의 부재'라고 정의해 두겠습니다. 그렇게 하면 '기술은 우리가 종속하고 있는 제약을 제외하고 있는가?'와 같은 질문을 이해할 수 있을 것입니다.

### 4. 문제에 '네, 아니요'로 대답한다

'네'라는 대답은 '기술은 우리의 자유를 증진시킨다'로 충분합니다. '아니요'에 대해서는 몇 개의 가능성이 있습니다. '기술은 우리의 자유를 증진시키지 않는다'가 가장 직관적인 답일 것입니다. 또는 '기술은 우리의 자유를 감퇴시킨다'나 '자유를 빼앗는다'처럼 기술의 부정적인 측면을 강조할 수도 있습니다.

### 5. 문제를 질문의 집합으로 변환한다

그러면 문제를 복수 질문의 집합으로 바꿔 봅시다.

· 기술이란 무엇인가?

· 자유롭다는 것은 어떤 것인가?

· 기술은 왜 우리의 자유를 증진시키는가?

· 기술은 어떻게 우리의 자유를 증진시키는가?

· 만약 기술이 우리의 자유를 빼앗는다면, 그것은 어떤 경우인가?

보면 알 수 있듯이 앞에서 나온 문제를 거의 '복사하여 붙여 넣은' 수준입니다. 그러나 문제의 내용이 다르면 당연하게도 논의 내용도 전혀 달라집니다.

### 6. 답안의 방향을 정한다

이 문제에 대한 두 가지 입장(결국 '네'와 '아니요')은 '기술은 우리의 자유를 증진시킨다'와 '기술은 우리의 자유를 증진시키지 않는다'입니다. 기술을 어떻게 생각하는지에 따라 어떤 의견을 지지할지를 정합니다. 기술을 낙관적으로 생각한다면 '아니요'에서 '네'의 순서로 논하면 되고, 비관적으로 생각한다면 '네'에서 '아니요'의 순서로 논하면 됩니다.

여기서는 첫 번째 문제와 같이 제3의 입장이 가능한지 생각해 보겠습니다. 기술의 본질이 좋은 것인지 나쁜 것인지를 결정하기는 어렵습니다. 기술이라는 개념에 포함되는 대상이 다양하기도 하고, 예를 들어 하나의 기술이 어떤 곳에서는 사람을 구하는 데 사용되지만 다른 곳에서는 사람을 죽이는 데 사용되기도 합니다. 그런 경우 선악을 결정하는 것은 기술 자체가 아니라, 기술을 사용하는 방법입니다.

기술과 자유의 관계 역시 같은 맥락이 아닐까요? 예를 들면 GPS는 우리에게 이동의 자유와 가능성을 비약적으로 넓혀 준 기술이지만, 동시에 지금까지와는 비교도 되지 않을 정도로 개인의 행동을 감시하는 기술이기도 합니다.

이에 더해 최근 기술이 진보하는 모습은 기술과 자유의 관계를 근본적으로 바꾸고 있는 것처럼 보입니다. AI 관련 기술의 발전은 생명에 관한 새로운 질문을 연일 만들어 냅니다.

이처럼 기술은 자유의 개념 자체를 바꿔 버릴 수도 있습니다. 즉, 지금까지 우리가 정의하고, 경험해 온 자유의 개념이 기술로 인해 그 한계에 도전하고 있으며, 다른 것까지도 변화시키려고 한다는 의미입니다. 결국 기술은 자유를 증진시키거나 감소시킬 뿐만 아니라, 자유롭다는 의미까지 바꿔 버릴 가능성이 있는 것입니다.

구성안 중 제3의 입장에서는 이 '자유의 개념을 바꾸는 기술'에 대해 생각해 보겠습니다.

## 7. 구성안 만들기

도입

· 기술이란 노동을 하기 위한 지적 또는 물질적인 여러 가지 수단의 총칭이다.

· 기술의 진보에 따라 우리는 더 효율적으로 노동할 수 있게 되었다. 예를 들면 기술 덕분에 생산력이 향상되어 우리는 더 많은 여가를 확보할 수 있다.

· 그러한 의미에서 기술은 우리가 종사해야만 하는 노동의 수고를 경감시키고, 심지어 노동에 사용하는 시간을 단축시킨다. 즉, 기술은 노동이 우리에게 부과한 제약을 제거한다고 할 수 있다.

· 완전한 자유를 '제약의 부재'라고 정의한다면, 기술로 인해 우리는 더욱 자유로워졌다고 할 수 있다.

· 그러나 기술은 정말 우리의 자유를 증진시킨 것인가?

· 기술이 비약적으로 진보한 현대에 사는 우리가 과거 사람들보다 자유롭다고 할 수 있는가?

· 확실히 생활은 편리해졌지만 우리는 변함없이 소외 상태에 있으며, 기술의 진보가 초래한 다양한 문제에 직면하고 있다.

· 결국 단순하게 기술이 자유를 증진시킨다고는 할 수 없는 것 아닌가?

· 그런데도 우리는 왜 여전히 기술이 자유를 증진시킨다고 생각하는가?

· 또는 어떤 이유에서 기술이 우리의 자유를 빼앗는가? 어떤 경우에 기술이 우리를 자유로부터 멀어지게 만든다고 할 수 있는가?

· 결국 기술은 우리의 자유를 증진시키는가?

### 전개1 기술은 우리의 자유를 증진시킨다

· 마르크스가 말했듯이 도구 사용은 인간 노동이 가지는 특징이다. 특정 목적을 위해 만들어진 인공물인 도구를 사용하여 인간은 더 효율적으로 노동하고, 더 많은 성과를, 더 짧은 시간에 손에 넣는다. 거기서 기술은 물질을 가공하는 방법으로써 활용된다.

· 도구는 물론, 노동의 순서, 인간 노동력의 배치나 관리도 기술의 대상으로 포함된다. 많은 인간이 공통의 목적을 위해 분업하고 노동할 때, 개인이나 소집단에서 한 성과를 달성할 수 있다.

· 이처럼 기술은 노동의 성과를 최대화한다. 그리고 노동이란 자연이 부과하는 다양한 제약으로부터 인간을 해방하는 행위이며, 자유를 구하는 노력이

기도 하다.

· 기술은 노동을 통한 자유 획득을 추진한다. 인간은 기술 덕분에 생물로서의 욕구와 인간 고유의 욕구를 더 빠르고 확실하게 만족시킬 수 있게 되었다.

· 여기서 실현되는 자유란 첫째로 물리적인 자유를 일컫는다. 인간은 기술 진보를 통해 더 멀리 이동할 수 있게 되었고, 더 많은 사람과 만나고 교류할 수 있게 되었다.

· 또한 물리적인 자유는 정치적 자유의 기초가 된다. 자기 의지만으로 스스로 생각하고 행동한다는 정치적 자유는 물리적 자유 없이는 실현될 수 없다. 그런 의미에서 기술은 자유로운 사회의 기초를 만들어 낸다고 할 수 있다.

· 그러나 기술의 발전은 충족되지 않는 욕망도 초래한다. 욕망은 완벽하게 충족될 수 없으며, 기술의 발전과 새로운 욕망의 탄생은 끝없이 얽힌다. 군사 기술의 진보가 새로운 무기를 탄생시킨 것처럼, 기술의 발전은 인간에게 자유가 아닌 새로운 제약을 만들어 낸다.

· 이처럼 기술과 자유는 대립한다고 볼 수 있다. 그렇다면 기술은 어떤 경우에 우리의 자유를 빼앗는 것일까?

[전개2] **기술이 우리의 자유를 반드시 증진시키는 것은 아니다**

· 우리는 종종 기술을 중립적이라고 생각하려 한다. 그러나 하이데거가 《기술에 대한 물음》에서 말한 것처럼, 그러한 관념은 '우리가 기술의 본질에 대해 전적으로 맹목적으로 생각하게 하며', 기술의 위험성을 간과하게 만든다.

· 기술이 진보하면서 노동이 고도화되고 더 많은 부를 만들어 내는 한편으로, 마르크스가 《경제학-철학 초고》에서 말한 것처럼 노동자는 자기 노동의 결과에서 소외되었다. 게다가 기술의 진보가 노동자를 노동의 고통으로부터

해방시키기는커녕, 새로운 종류의 노동을 만듦으로써 새로운 종류의 고통도 만들어 냈다. 그런 의미에서 기술의 진보는 인간의 자유를 감소시키는 요인이기도 하다.

· 심지어 기술의 진보는 욕망을 충족시키는 동시에 새로운 욕망을 낳는다. 새로운 기술이 만들어 낸 발명의 산물은 그것을 소유하고자 하는 욕망을 동시에 탄생시킨다. 기술의 진보가 우리를 욕망에서 해방하는 것이 아니라, 오히려 욕망의 노예로 만든다. 즉, 이성의 산물인 기술로 인해 인간이 욕망에 지배되는 역설이 생겨나는 것이다.

· 이는 또한 이성에 의해 도덕법칙을 세우고, 그 법칙만을 따른다는 점에서, 칸트가 《도덕형이상학 정초》에서 이야기한 것처럼 도덕적 자유를 위협한다고 생각할 수도 있다. 기술의 진보가 인간의 도덕적 타락을 이끈다고 말할 수는 없는가?

· 여기서 새로운 기술의 진보를 어떻게 이해하고 행동할 것인가라는 윤리적 문제가 제기된다. 기술의 진보는 자유라는 개념이 지금까지 직면하지 않았던 문제를 만들어 냈다. 그렇다면 그러한 새로운 문제는 어떻게 자유라는 개념을 변혁시킬 것인가?

[전개3] 기술은 우리가 가진 자유라는 개념을 변혁시킨다

· 기술이 진보함에 따라 노동이 효율화됨으로써 우리의 자유는 증진된다.

· 그러나 노동이 효율화됨과 동시에 새로운 노동과 새로운 욕망을 만들었다. 우리는 다른 노동에 속박되고, 새로움이 만들어 낸 욕망에 종속된다.

· 이 같은 상황에서 우리가 지금까지 가져 온 자유라는 개념은 시험에 들게 되고, 변화해야 하는 상황에 직면하게 된다.

· 예를 들어 인공지능의 진보는 인간의 도덕적 자유라는 관념을 흔든다. 인공지능이 자립적으로 도덕적 판단을 한다고 해서 도덕적 자유를 가졌다고 할 수 있을까? 인간의 이성과 궁극으로 진화한 인공지능의 '이성'을 구별하기는 매우 어렵다.

· 또 정보기술의 진보에 따라 우리의 사고와 행동은 그대로 또는 흔적의 형태로 수집·분석되고, 이를 바탕으로 한 움직임은 그것인지 모르는 채 행해진다. 예를 들어 인터넷 검색 이력을 통해 개인의 기호를 예측하고, 그에 맞춘 상품이나 서비스를 제안하는 시스템은 자기 자신도 의식하지 못한 욕망을 잠재화시킨다. 그것은 프로이트가 주장한 것과는 다른 형태로 무의식에 감춰진 욕망을 끌어내고, 형태를 부여하는 것은 아닐까?

· 또 정보기술의 진보는 개인의 행동을 감시하고, 예측하며, 때로는 유도한다. 우리의 행동 선택이 그러한 유도로 인해 결정되는 부분이 많아지고 있는 것은 아닐까? 이때 우리에게 자연스러운 자유의지가 있다고 데카르트처럼 말할 수 있는가?

· 우리가 자유롭지 않다고 느낀다면 우리는 스피노자의 입장에 가깝다고 볼 수 있다. 스피노자는 '슐러에게 보내는 편지'에서 '모든 사람이 자유를 가진 것을 자랑스러워하지만, 그 자유는 단지 사람들이 자기 욕구를 의식한 것일 뿐, 자신이 그것을 결정한 원인은 모른다'고 말했다. 스피노자에게 자유는 환영과도 같았다. 스피노자는 세상의 사물을 신에게서 출발한 인과 관계의 연속으로 보았지만, 기술의 진보는 또 다른 의미로 결정론을 실현하고 있는 것으로 보인다. 우리는 기술에 의해 욕망과 행동을 결정하는 사회를 살아가고 있다.

· 더욱이 기술의 진보는 우리가 가진 자유에 대한 관념의 변화를 불러일으키

고 있다고도 할 수 있다.

· 기술이 진보함에 따라 노동이 효율화되고 여가가 생겨나면서, 기술의 새로운 성과로 인해 우리 생활의 자유도 특히 증진되었다. 이 역시 정치적 자유의 기반이 되었다.

· 그러나 기술의 진보가 노동 밀도를 높이고, 자유를 빼앗는 측면도 있다.

· 또한 기술은 우리의 욕망을 더 잘 충족시킬 뿐 아니라, 욕망을 무제한으로 증식시키기도 한다. 그 결과 인간을 욕망의 노예로 만든다. 그런 점에서 기술로 인해 우리의 도덕적 자립이 손상될 위험이 존재한다.

· 이뿐 아니라 기술의 진보는 우리가 가진 자유라는 관념을 변화시킨다. 기술 진보에 따라 자유의지를 부정하는 기술이 제기하는 문제를 무시하고는 자유에 대해 생각하기 어려울 정도로 존재감이 커지고 있다.

· 즉, 이제 문제는 기술이 우리의 자유를 증진시키는가 아닌가가 아닌, 자유 그 자체의 의미가 변화한다는 점이다.

· 그렇다면 우리는 이렇게 변화한 자유를 받아들여야 하는가, 아니면 저항해야 하는가?

### 작성 가능한 다른 답안

답안을 작성하는 다른 예시로 '네 → 아니요 → 제3의 입장'이라는 구성으로 꾸며 봤는데요. '네'와 '아니요'의 순서를 바꾼 '아니요 → 네 → 제3의 입장'이라는 구성으로도 논의는 성립합니다. 이 경우에는 '기술의 진보가 자유의 증진을 초래함으로써 우리가 과거에 경험한 적 없는 새로운 자유의 이상향을 만들어 내는 것은 아닌가?'라는 질문을 던지면, 제3의 입장으로 매끄럽게 연결할 수 있습니다. 또한 제3의 입장 부분에서는 기술의 진보와 관련한 더 긍정적인 예시를 들어 논의하면 좋겠죠.

## 권력 행사와 정의 존중은 양립 가능한가?

### 1. 문제의 주제
국가, 정의

### 2. 문제의 형태
'네, 아니요'로 대답할 수 있는 것

### 3. 표현의 정의
키워드는 권력입니다. 여기에는 개인이나 집단이 휘두르는 것에서 국가나 유사 기관이 휘두르는 것까지 다양한 형태나 수준의 권력이 존재하지만, 프랑스 철학 교육 프로그램 내용상 국가권력이라고 이해하는 편이 가장 적당합니다. 국가권력은 국가가 국민에게 행사하는 다양한 형태의 힘입니다. 그것은 때로 폭력이기도 하고, 또 어떨 때는 법률을 통한 금지나 제약이 되기도 합니다. 여기서는 '국가가 보유하고, 법률이나 폭력 같은 형식으로 행사되는 힘'이라고 정의하겠습니다.

정의(正義)에 관해서는 몇 가지 정의(定義)를 생각해 볼 수 있습니다. 정의란 다른 사람의 권리를 존중하는 것이며, 법률은 이를 지키는 수단이 됩니다. 따라서 법률을 지키는 것이 정의라고도 할 수 있습니다.

그러나 동시에 정의를 위배하는 법률에 대해서도 검토해 볼 수 있습니다. 이 경우 정의는 법률이 정의를 구현하는지 여부를 판단하며, 법률보다도 상위에 존재합니다. 더욱이 개인의 덕으로서의 정의나 자애처럼, 법과 직접적으로는 연관되지 않는 정의까지도 검토해 볼 수 있습니다. 이러한 정의의 다양한 의미 중 무엇을 주요하게 볼 것인지는 답안의 방침을 만들 때부터 고려해야 합니다.

그리고 양립 가능하다는 표현에 대해서도 생각해 볼 필요가 있습니다. '양립 가능하다'는 말은 '양립한다'와는 다릅니다. 실제로 양립하지 않는 경우가 있다고 하더라도 원리적으로, 또는 이론적으로 양립할 수 있다면 그것은 양립 가능하다고 할 수 있습니다. 반대로 이론상으로는 양립하기 어렵지만, 막상 실천하려고 보니 (이유는 모르지만) 양립하는 경우에도 양립 가능하다고 표현할 수 있습니다. 이 문제에서는 권력 행사와 정의 존중이라는 충돌 가능성 높은 두 가지 개념이 동시에 성립할 수 있는지, 성립한다면 그것은 어떤 경우이며, 성립하지 않는다면 어떤 경우인지를 생각해 봐야겠죠.

### 4. 문제에 '네, 아니요'로 대답한다

'네'는 '권력 행사와 정의 존중은 양립 가능하다', '아니요'는 '권력 행사와 정의 존중은 양립할 수 없다' 또는 '양립 불가능하다'가 됩니다.

### 5. 문제를 질문의 집합으로 변환한다

다음과 같은 질문을 생각해 봅시다.

· 권력이란 무엇인가?

· 권력을 행사한다는 것은 어떤 의미인가?

· 정의란 무엇인가?

· 정의를 존중한다는 것은 어떤 의미인가?

· 권력 행사와 정의 존중이 양립 가능하다는 것은 어떤 상태인가?

· 권력 행사와 정의 존중은 왜 양립 가능한가?

· 권력 행사와 정의 존중은 어떤 절차에 의해 양립 가능한가?

· 만약 권력 행사가 정의를 존중하지 않는다면 어떤 일이 일어나는가?

### 6. 답안의 방향을 정한다

우선 '권력 행사와 정의 존중은 양립 가능하다'(네)와 '권력 행사와 정의 존중은 양립 불가능하다'(아니요)라는 두 가지 입장에 대해 생각해 봐야 합니다.

원래 권력 행사와 정의 존중이 양립 가능하다면, 권력 행사가 정의의 원칙을 훼손하지 않는다고 할 수 있을 것입니다. 어떤 경우에 그런 관계가 성립할까요? 국가가 스스로 만든 법률을 지킬 때 정의를 실현한다고 말할 수 있습니다. 그러나 법률은 모든 권력 행사 상황을 상정하고 만들어진 것이 아닙니다. 개별 상황에 따라 판단이 필요할 때도 있습니다. 그 판단을 담당하는 것이 사법입니다. 영어나 프랑스어로 정의와 사법은 모두 'Justice'라고 하는데, 사법이 정말 정의를 보장한 다면 권력 행사와 정의 존중은 양립한다고 말할 수 있습니다.

그러나 권력 행사와 정의 존중이 항상 양립 가능하다고 단언하기 는 어렵습니다. 예를 들어 권력 행사가 사법에 반하는 경우, 이 두 가 지는 양립할 수 없습니다. 그리고 권력에 의한 위법 행위를 판단하는 사법이 제대로 기능하지 않은 상태도 포함됩니다. 법률에 문제가 있 을 수도 있습니다. 이는 법률 자체가 정의를 위배하는 경우입니다. 예를 들어 인권이나 성별에 따라 행사할 수 있는 권리에 차등을 두는 법률은 분명 정의를 위배하는 것이지만, 절차상의 문제가 없다면 이 같은 법률도 성립할 수 있습니다. 이러한 법률은 합법적이기는 하지 만, 정의롭다고 볼 수는 없습니다.

이는 법률과 정의 사이에 괴리가 존재한다는 의미입니다. 앞쪽의 정의 부분에서도 설명했지만, 정의와 법률은 동일시할 수 없다는 것 이죠. 그렇다면 권력 행사와 정의 존중이 양립 가능함을 보장할 수 있는 것은 무엇일까요? 아마 실정법 위에 존재하는 자연권이라는 개 념을 차용할 수 있을 듯합니다. 레오 스트라우스가 《자연권과 역사》 에서 언급했듯 자연권이라는 개념은 '인간 내부에는 그가 속한 사회 에 완전하게는 귀속되지 않는 무언가가 있다는 것'을 가리키며, 국가 나 사회를 초월하여 무엇이 정의로운지를 판단하는 기준이 됩니다. 따라서 만약 법률에 기반하여 권력을 행사한다고 하더라도 그 법률 이 자연권에 위배된다면 권력 행사와 정의 존중은 양립하지 않는다 고 할 수 있습니다.

## 7. 구성안 만들기

[도입]

· 권력이란 국가가 보유한 것이며, 법률과 폭력의 형태를 띠고 국내외의 사람들이나 조직을 대상으로 행사되는 힘이다.

· 정의를 존중한다는 것은 좁은 의미에서 법률을 준수하는 것이다. 개인의 권리를 정당한 방법으로 보장하는 법률을 지키는 것이야말로 권력 행사와 양립 가능한 정의 존중을 의미한다.

· 그렇다고 해도 이 같은 관계가 항상 성립한다고는 할 수 없다. 권력 행사는 때로 법률이 정한 한계를 넘어서는 경우가 있다. 또한 부정한 법률도 존재하기 마련이다.

· 권력과 정의의 관계를 이처럼 생각한다면, 다음의 질문을 제기할 수 있다.

· 권력 행사와 정의 존중이 양립 가능하다는 것은 어떤 상태인가? 권력 행사와 정의 존중은 왜 양립 가능한가, 또는 불가능한가? 권력 행사와 정의 존중은 어떠한 조건에서 양립 가능한가?

· 즉, 권력 행사와 정의 존중은 양립 가능한가?


[전개1] **권력 행사와 정의 존중은 양립 가능하다**

· 아리스토텔레스는 《니코마코스 윤리학》에서 정의를 '합법적이면서 공평한 것'이라고 정의했다. 합법성과 공평함이 존중되는 한, 권력 행사와 정의 존중은 양립 가능하다고 생각한다.

· 홉스는 《리바이어던》에서 권력이 법률을 제정할 수 있는 이유를 계약 모델을 통해 설명했다. 사람들이 서로의 신체나 생명을 손상시킬 수 있는 자연 상태(만인에 대한 만인의 투쟁)를 끝내고자 자기 권리의 일부를 양도하는 것에 동

의함으로써 국가가 성립된다. 이 동의가 '사회 계약'이다. 국가는 이 사회 계약으로 인해 주권의 보유자가 되고, 입법할 권력을 갖게 된다.

· 법률이 정의를 보장한다면 입법권을 가지는 국가의 권력 행사는 분명 정의 존중과 양립 가능하며, 국가가 제정하는 실정법은 정의 존중과 같은 가치를 가진다.

· 그렇지만 때때로 국가의 권력 행사에 대한 합법성 문제가 제기된다. 법률의 적용이 항상 정당한 것은 아니다. 국가는 이러한 합법성 문제를 해결할 수단을 빠르게 확보해야 한다. 몽테스키외는 《법의 정신》에서 자유를 위해서는 꼭 입법권, 집행(행정)권, 사법권을 분리해야 한다고 서술하였다. '만약 동일한 인간, 귀족 또는 인민의 유력자로 구성된 동일한 단체가 이 세 가지 권력(중략)을 행사한다면, 모든 것을 잃게 될 것이다'라는 몽테스키외의 주장에 따라 삼권분립이 권력 행사와 정의 존중을 하는 데 필요조건으로 여겨졌다.

· 그러나 삼권분립으로 권력 행사를 제한한다고 하더라도 그것만으로 정의를 존중하는데 충분하다고 할 수 있을까? 만약 법 자체가 평등을 존중하지 않는다면, 법률의 테두리 안에서 권력이 행사되더라도 정의를 존중한다고 볼 수 없는 경우가 존재하는 것은 아닌가?

### 전개2 권력 행사와 정의 존중은 양립 불가능하다

· 권력 행사가 법률의 한계를 넘을 때도 있다. 예를 들어 권력이 한쪽에 집중되는 독재 체제 국가에서는 권력을 자의적으로 행사하기 쉽다. 그 경우 법률이 존중되기는커녕, 권력 행사에 걸림돌로 작용할 수도 있다.

· 심지어 법률 자체가 정의를 실현하지 않는 경우도 있다. 《공산당 선언》에서 마르크스와 엥겔스는 근대국가가 지배계급인 부르주아 계급의 이익에 봉사

하고 있다고 지적한다. 마르크스와 엥겔스는 법률 역시 지배계급의 이익을 위해 제정되며, 만인의 권리가 보장받지 못하는 것은 물론이고, 정의에 부합하지도 않는다고 말한다.

· 원래 법률은 국가마다 다르며, 같은 행동이 어떤 국가에서는 합법이지만 다른 국가에서는 위법인 경우도 있다. 파스칼은 이와 같은 법의 상대성에 대해 《팡세》에서 '피레네산맥 이쪽에서의 진리는 저쪽에서는 오류다'라고 서술하였으며, 법과 정의 자체가 절대적이지 않다고 지적한다.

· 즉, 권력 행사와 정의 존중은 반드시 양립 가능한 것은 아니다. 그 이유는 자의적인 권력 행사나 국가의 존재 문제, 또는 법의 상대성에 기인하기도 한다.

· 그러나 이러한 문제에도 불구하고, 권력 행사와 정의 존중이 여전히 양립 가능하다고 말할 수 있는가? 그렇다면 어떤 조건에서 두 가지 모두 성립할 수 있는가?

[전개3] 권력 행사와 정의 존중이 양립하기 위해서는 어떤 조건이 필요한가?

· 권력 행사와 정의 존중의 양립 가능성은 양자가 함께 어떤 종류의 조건을 충족함으로써 성립한다.

· 권력 행사가 정의를 존중하기 위해서는 적어도 법률을 준수해야 하며, 만약 권력이 법률의 한계를 넘어서는 경우 빠르게 시정할 수 있는 체계가 있어야 한다.

· 이에 더해 권력 행사를 통해 법률의 빈틈을 충족시킨다면 이 또한 정의를 실현하는 것이 된다. 아리스토텔레스는 《니코마코스 윤리학》에서 다음과 같이 말한다. '법은 항상 보편적이지만, 개별 사례에 대해서는 정확하게 들어맞는 보편적인 방법이라고 말할 수 없는 경우도 있다.' 즉, 법률은 일반적인 법규

이므로 개별 사례의 특수성을 충분히 고려하지 못한다. 일반적인 법률을 개별 사례에 적용하려면 국가가 사법권과 행정권을 통해 진행해야 하며, 이에 따라 정의가 존중된다.

· 더욱이 법률이 국가마다 다르다고 해도, 그것이 무조건 정의가 부재하다는 의미는 아니다.

· 다양한 실정법을 통해 정의 실현 여부를 판단할 수 있다. 예를 들어 일부 계급을 우대하는 등 정의롭지 못한 법을 상상해 보자. 이때 우리는 그 법률을 일종의 정의와 부정의 기준에 비추어 판단한다. 그 기준은 자연권, 또는 자연법이다.

· 몽테스키외는 《법의 정신》에서 다음과 같이 말했다. '일반적으로 법이 지상의 모든 사람을 통합하는 한, 그것은 인간 이성이다. 그리고 각국의 국가 제도 및 공민 관련 법은 이 인간 이성이 적용된 개별 사례에만 적용해야 한다.' 만인이 갖고 태어난 이성, 즉, 인간 본성에 따라 실정법의 정의 실현 여부가 결정된다. 결국 올바른 권력 행사의 모습을 규정하는 법률 자체가 자연법이라는 기준에 의해 판단되는 것이다.

· 권력 행사와 정의 존중은 두 가지 조건을 충족함으로써 양립 가능하다. 먼저 실정법을 통해 권력 행사를 감시 및 조정해야 한다는 조건이며, 다음으로 실정법이 자연법을 실현한다는 조건이다.

[결론]

· 정의를 법률 존중이라고 규정하면, 권력 행사와 정의 존중은 양립 가능한 것처럼 보인다. 그러나 권력 행사가 점차 법률의 한계를 넘어서거나 정의롭지 못한 법률이 존재한다는 점을 고려한다면, 이 두 가지가 항상 양립 가능하다

고 보기 어렵다.

· 권력 행사와 정의 존중이 양립하기 위해서는 법률 내에 권력 행사의 합법성을 판단하는 체계가 존재해야 하며, 이에 더해 법률 자체가 자연법을 존중해야 한다.

· 위와 같은 조건을 충족하는 경우에 권력 행사와 정의 존중은 양립 가능하다.

· 그렇다면 만약 권력이 정의를 존중하지 않을 경우, 우리는 그것을 타도해도 괜찮은가?

### 작성 가능한 다른 답안

두 가지 전개 부분에서 성립된 '양립 가능하다'와 '양립 불가능하다' 중 어느 쪽을 지지하는 소논문이건 충분히 좋은 답안입니다. '양립 가능하다'가 항상 양립한다는 의미는 아니기 때문에 '양립 가능하다'를 지지하는 경우는 양립 가능한 조건에 대해 상세하게 서술할 필요가 있습니다. '양립 불가능하다'를 지지하는 경우에는 양립 가능한 경우도 불가능한 경우도 있다는 양론을 병기하는 것보다 '결국 모든 권력 행사는 정의롭지 않다'와 같은 결론으로 유도하는 편이 답안을 이해하기 쉬울 것입니다. 논리적인 단계를 밟아 도달한 결론이라면, 그것이 극단적이라고 해도 틀림없이 좋은 평가를 받을 수 있을 것입니다.

이 장에서는 바칼로레아 철학 시험에서 기출된 세 가지 문제를 선택하여 그 풀이법을 소개해 보았습니다. 이 문제에서는 '노동, 기술, 자유, 정의'라는 다양한 주제를 다루고 있지만, 어떤 답안이건 문제 분석을 거쳐 '도입, 전개, 결론'이라는 틀에 맞춰 구성합니다. 물론 문제가 다르면 다루는 내용도 전혀 달라지지만, 이러한 다양한 내용을 논의의 형태로 완성하는 틀의 위력도 실감했을 것입니다.

답안의 내용 자체는 평범할 수도 있습니다. 그렇지만 바칼로레아 철학 시험이 철학적 창조성을 요구하는 시험이 아닌 만큼, 평범해도 괜찮습니다. 그 이상으로 주목해야 할 부분은 다른 문제에 같은 틀이 유효하다는 점입니다.

마지막으로 이번 장에서 다룬 질문의 종류를 소개하겠습니다. 이번 장에서 다룬 논거를 잘 조합하면 어떤 문제이건 답할 수 있을 것입니다. 꼭 한번 생각해 보시기 바랍니다.


1. 노동은 생존을 위한 수단에 불과한가?

2. 기술의 진보는 인간을 변용하는 것인가?

3. 법을 적용하는 것만으로 충분히 정의로운가?

Le Baccalauréat

6장

사고의 틀을 응용하다

## 사고의 틀을 응용하다

    지금까지 철학에서 사고의 틀을 활용하는 방법을 자세하게 소개했습니다. 그러나 사고의 틀은 철학에만 도움이 되는 것은 아닙니다. 일상생활이나 업무 등 여러 방면에서 사고의 틀을 응용하여 자기 생각을 표현하거나 상대방의 생각을 이해할 수 있습니다. 5장에서는 바칼로레아 철학 시험 문제를 소재로 삼아 사고의 틀을 어떻게 활용해야 문제에 답할 수 있는지 살폈습니다. 이 장에서는 철학에서 한 발 떨어져 사고의 틀을 응용하려면 어떻게 해야 할지 생각해 봅시다.

    애초에 우리는 왜 사고의 틀을 응용하여 생각해야 할까요? 이는 철학 교육의 목적을 되짚어 보면 확실하게 알 수 있습니다. 철학 교육의 목적은 바로 시민을 육성하기 위한 것이었습니다.

시민이란 대체 어떤 사람을 일컫는 걸까요?

우리 사회는 민주주의라는 규칙에 따라 움직이고 있습니다. 사회 구성원 한명 한명이 스스로 생각하고, 행동할 수 있는 사람이 되기를 요구받고 있죠. 올바른 사회의 모습이나 향후의 지향점을 결정하는 것이 주권자인 사회의 구성원이기 때문이며, 이에 따라 공정하거나 정통한 의사결정이 이루어지기 때문입니다(물론 실제 그렇지 않은 사례도 많을 수 있습니다).

그러나 민주주의다운 의사결정은 사회 전체나 국가 수준에서만 이루어지는 것이 아닙니다. 지역이나 가족 같은 작은 집단에서도, 또는 나라 간의 관계나 국적이 다른 사람들 사이에서도 공정한 의사결정이 이루어져야 합니다. 이때 권력이나 권위로 다른 사람을 종속시키거나 다른 사람에게 종속되는 것은 간단합니다. 하지만 그런 사회에서는 소수의 사람이 사회 전체가 나아갈 지향점을 정하므로 민주적인 사회라고 보기는 어렵습니다.

대부분의 민주주의 국가는 간접민주제를 채용하고 있으므로, 주권자의 대표자가 국가의 의사결정을 진행합니다. 그런데도 여전히 민주주의 이념은 각 개인이 스스로 생각하고 자기 의견을 정리하여 표명하고 이에 따라 행동할 것을 전제로 하고 있으며, 이를 통해 민주주의 이념이 실현됩니다.

'스스로 생각하고, 의견을 표명하고, 행동할 수 있는' 사람, 그런 사람을 민주주의 사회를 지탱하는 사람, 즉, 시민이라고 부릅니다.

철학 교육의 목적은 바로 시민을 육성하는 것입니다. 지금까지 살펴본 것처럼 철학은 다양한 문제를 비판적으로 생각할 힘을 길러 줍니다. 비판적이란 주어진 정보를 그대로 받아들이기만 하는 것이 아니라, 그와 다르거나 대립하는 정보도 평등하게 다루고 음미하는 자세를 의미합니다.

민주주의 사회에서는 사람들이 다양한 의견을 표명합니다. 그러한 의견 중 무엇이 옳고 그른지, 그리고 어떻게 하면 합의나 타협에 도달할 수 있을지를 생각하기 위해 반드시 비판적인 태도를 갖춰야 합니다.

## 교양이란 무엇인가

차이를 인정하고 수용하기 위해서는 무엇이 필요할까요? 보통 '교양'이 필요하다고 생각합니다. 하지만 교양이란 무엇인가에 대해서도 다양한 견해가 있습니다. 교양은 지식일까요? 지식이라면 어떤 종류의 지식일까요? 종종 철학이나 문학, 미술과 같은 분야의 지식으로 여겨지고는 합니다.

주로 독서를 통해 그런 지식을 획득하고, 인격을 높여야 한다는 주장은 다이쇼 시대(1912~1926년)에 교양을 쌓은 사람들의 이야기(다이쇼 교양주의, 과거 일본 지식인 사이에서 유행했던 서양 철학 중심의 교양 교육을 통해 인격 형성을 하고자 하는 경향-옮긴이)를 통해 엿볼 수 있습니다. 과거 대학 '교양과정'의 목적은 전문 지식과는 직접적인 관계가 없는 지식을 배우는 것이었습니다. 전문 지식을 배우기 전에 우선 교양이 필요하다는 생각이 기초가 된 것이죠.

하지만 이러한 지식이 당장 도움이 되는 것은 아닙니다. 일상생활이나 업무 중에 철학이나 문학, 미술에 대한 지식이 직접적으로 도움이 되는 상황은 쉽게 떠올리기 어렵습니다. '외국인과 이야기할 땐 교양이 필수입니다'라는 이야기를 들어도 그런 기회가 없다면 '그럼 나랑은 상관없는 일이네'라고 생각할 것입니다. 그러니 교양이 불필요하다고 하는 주장이 옳다고 생각할 수도 있습니다.

그런데 정말 그럴까요? 확실히 평소 사용할 일 없는 지식을 배워서 도움이 될 만한 상황은 쉽게 떠올리기 어렵습니다. 또 쓸모없는 것이 도움이 된다는 '무용지용'이라는 생각은 교양이 유효하다고 생각하는 사람에게는 설득력이 있겠지만, 교양이 무효하다고 생각하는 사람에게는 탁상공론처럼 여겨질 것입니다.

그렇기에 생각을 바꿀 필요가 있습니다. 교양이란 지식만 가리키는 것이 아니라 지식을 얻는 방법이기도 하다고 하면 어떻습니까? 그렇다면 '교양이 있다'란 많은 양의 지식을 가리키는 것이 아니라 새로운 지식을 손에 넣는 방법을 보유했는지 여부, 그리고 지식을 손에 넣는 방법을 여러 개 갖고 있는지 여부를 의미하게 됩니다. 과거 대학의 교양과정은 여러 지식 분야를 접함으로써 세계의 지식을 획득하는 다양한 방법을 접하는 기회이기도 했습니다(물론, 그것은 대학이나 교원의 방침에 따라 크게 달랐겠습니다만).

그렇다면 지식을 만들어 내는 다양한 방법을 알면, 어떤 효과가 생길까요? 우선 지식의 대상인 자신, 다른 사람, 세상에 관한 '차이를 인식'할 수 있게 됩니다. 자신과 다른 사람이 무엇이 다른지, 그리고 세상 자체나 세상에서 일어나는 일, 조직은 어떤 원리로 이뤄져 있고, 어떤 점에서 유사하고, 어떤 점에서 대립하는지, 그러한 점을 알기 위해서 어떤 방법이 있고, 그것은 어떻게 사용되고 있는지를 인식할 수 있다는 것입니다. 거기에는 문과나 이과 같은 구분이 없고, 다른 사람과 세상에 관한 다양한 지식이 포함됩니다.

차이를 인식한 후에야 '차이에 대한 관용'이 성립할 수 있습니다. 또는 반대로 차이에 대한 관용이 있기에 다른 사람이나 세상을 알고 싶다고 생각하게 되는지도 모르겠습니다. 우리가 지금까지 겪어 본 적 없는 물건이나 상황을 접하게 되면, 지금까지 겪었던 경험이나 상식과 너무나도 다른 나머지 새롭게 알게 된 사실을 거부하거나 그에 대해 생각하기를 그만두는 경우도 있습니다. 그러나 차이가 있음을 알고 받아들여 그것을 바탕으로 논의가 이루어질 때, 인간은 편견에서 벗어날 수 있습니다. 물론 편견에서 완전히 해방될 수는 없지만, 적어도 차이가 존재한다는 사실에 눈을 감는 일은 없어질 것입니다.

'비판적 사고'는 이처럼 차이를 인식하는 태도의 전제가 되며, 결과가 되기도 합니다. 우리는 사물을 비판적으로 생각함으로써 자신의 생각이나 주어진 지식이 옳은지, 그리고 충분한지를 의심할 수 있습니다. 그리고 지식이나 그 전제를 잠시 보류한 다음에야 자신, 다른 사람, 세상을 마주할 수 있게 되는 것입니다.

# 사고의 틀을 익히는 의의

차이를 이해하고 받아들이며, 자신이나 다른 사람, 세상에 대해 항상 비판적인 인간을 좋은 시민이라고 한다면, 사고의 틀은 어떻게 작용할까요? 5장까지 배운 사고의 틀은 질문을 분해하고, 가능한 답의 선택지를 열거한 뒤, 반대 의견의 합리성까지 충분히 검토하여, 결론에서 자기가 지지하는 답안을 서술하는 것이었습니다. 여기에 바로 민주주의 사회에서 필요한 절차의 모델이 존재합니다.

문제 분석은 문제의 전제를 검토하고, 취할 수 있는 입장을 명확하게 밝힙니다. 그다음 반대 의견을 충분히 검토하고, 다른 입장을 분석합니다. 만약 다른 입장이 우수하다고 주장하고 싶다면 결론에서 그 주장을 간결하게 서술하면 되고, 두 가지 의견 모두를 종합한 새로운 입장을 만들어 낸 후, 그 장점을 주장할 수도 있습니다.

이 과정에 어떤 의미가 있는 걸까요? 바로 민주주의에서 행해지는 의사결정의 절차를 시뮬레이션하는 것입니다. 단순화된 형태이지만, 반대 의견을 충분히 고려한 다음 결론으로 유도한다는 기본적인 형식을 따르고 있습니다.

그런 의미에서 철학 교육은 시민에게 필수적인 사고력과 표현력을 갈고닦는 데 도움이 됩니다. 중등 교육의 마지막 과정에서 철학을 배우는 것은 바로 시민을 육성하기 위한 최종적인 훈련입니다(물론 훈련이 잘 진행되는지 아닌지는 별개의 문제입니다).

주어진 질문에 답하는 사람에서 질문을 만드는 사람이 되기 위해 사고력을 단련하는 수단으로 바칼로레아 철학 시험을 활용하는 데는 확실한 한계가 있습니다. 그것은 '주어진 문제'에 대응하기 위한 사고력이라는 점입니다. 시험이라는 형식이 있는 만큼 당연한 일이겠죠.

시험 밖의 현실에서 사고의 틀을 응용하는 경우라면, 문제가 주어져 있지 않은 상황에서 문제를 발견하고 그것을 해결할 수 있어야 합니다. 지금까지 살펴본 사고의 틀은 문제 해결 방법을 제시했지만, 문제 발견 방법은 알려 주지 않았습니다. 이제부터는 문제를 발견하는 방법을 살펴봅시다.

현재 고등 교육에서는 문제 발견 능력의 중요성을 계속 강조하고 있습니다. 다음 인용은 현대 사회에서 문제 발견 능력이 필요한 이유를 설명하는 내용입니다.

"우리나라에서 급속하게 진전되고 있는 글로벌화, 저출산 고령화로 인한 인구 구조 변화, 에너지와 자연, 식료품 등의 공급 문제, 지역 간 격차 확대 등의 문제가 빠르게 부상하는 상황에서, 사회 조직이 크게 바뀌면서 지금까지의 가치관이 근본적으로 변화하고 있다. (중략) 이 같은 시대를 살아가면서 사회에 공헌하기 위해서는 예상 밖의 사태에 맞닥트렸을 때 문제를 발견하고 해결하는 방법을 찾아내는 능력이 필요하다."

– 〈새로운 미래를 구축하기 위한 대학 교육의 질적 전환에 대해…… 평생학습을 통해 주체적으로 생각하는 힘을 육성하는 대학으로〉, 일본 중앙교육심의회(中央教育審議会), 2012년 8월 28일

'예상 밖의 사태'에는 여러 가지가 있을 수 있는데, 그것을 '문제'의 형태로 가공한 다음 해결 방법을 찾아낼 수 있어야 합니다. '해결'은 바로 사고의 틀이 잘하는 분야입니다.

하지만 지금까지 문제 발견에 대해서는 많이 다루지 않았습니다. 사고의 틀을 사회의 다양한 상황에서 활용하기 위해서는 문제 발견의 방법을 알아 두는 것이 매우 중요합니다.

다음부터는 질문을 어떻게 만들면 좋을지 생각해 보죠.

## 질문을 만드는 사람

지금까지 바칼로레아 철학 시험 문제를 살펴봤는데요. 그것을 여러 가지 문맥에서 활용하려면 어떻게 해야 할까요? 일상적인 문제를 해결하는 데 철학적인 질문을 그대로 참고하기는 어려울 것입니다.

그렇다면 질문의 '내용'이 아니라, '형식'에 주목해 보는 것은 어떨까요? 우리는 3장에서 문제에는 여러 가지 형태가 있고, 그 형태별로 요구되는 답이 정해져 있다는 점을 살펴봤습니다.

그렇다는 것은 현재 여러분이 직면한 문제를 바칼로레아 철학 시험에 출제되었던 문제 형태로 가공한다면, 그 답이 저절로 정해진다는 말입니다. 즉, 바칼로레아 철학 시험의 문제 형태를 흉내 내어 자기가 해결하고 싶은 문제를 질문으로 만들어 보는 것이 좋습니다.

이제 '질문을 만드는 방법'을 자세하게 알아봅시다.

## 열린 질문과 닫힌 질문

이쯤에서 바칼로레아 철학 시험의 문제가 어떤 것인지 다시 한번 짚고 가죠.

3장에서 예시 문제로 들었던 '이성은 모든 것을 설명할 수 있는가?' 는 '네'와 '아니요'로 대답할 수 있는 문제였습니다(물론 '어느 쪽도 아니다'라고 대답할 수도 있습니다). 이처럼 '네'와 '아니요'라는 두 가지 선택지로 대답할 수 있는 질문 형식을 '닫힌 질문'이라고 합니다. 닫힌 질문의 장점은 찬반을 명확하게 할 수 있고, 논증 시나리오를 세우기 쉽다는 것입니다.

반대로 '네'와 '아니요'로 대답할 수 없는 질문을 '열린 질문'이라고 합니다. 구체적으로 '무엇, 누구, 어디, 언제, 왜, 어떻게'와 같이 소위 말하는 '5W1H'를 사용하는 질문이 이러한 형태입니다.

먼저 열린 질문은 대답이 복수인 경우가 많다는 특징이 있습니다. 물론 '누가 유리를 깨트렸지?'처럼 범인을 알고 있으면 대답이 하나인 경우도 있습니다. 그러나 '왜, 어떻게'와 같이 이유나 방법을 물어보는 질문은 답이 하나인 경우가 거의 없습니다.

당신이 어제저녁에 피자를 배달시켜 먹었다고 합시다. 그 일에 대해 '왜 당신은 어제 저녁으로 피자를 먹었는가?'라는 질문을 받았을 때, 이유가 단 하나라고 하기는 어렵습니다. '요리하기 귀찮았다, 피자를 먹고 싶었다, 할인 쿠폰이 있었다' 등등 당신이 선택한 이유를 수도 없이 들 수 있을 것입니다.

또는 '당신은 지금 하는 일을 어떻게 시작하게 되었나요?'라는 질문에 '이 업무에 흥미가 있었기 때문에, 대학 전공이랑 관계가 있어서' 등의 이유를 들어 대답할 수도 있고, 구직 활동 과정을 상세하게 이야기하는 등 다양한 답을 생각해 볼 수 있습니다.

열린 질문은 사물을 상세하게 파악하기에 적합합니다. 그러나 한계도 있습니다. 너무 많은 답을 열거하면, 그중 어떤 답이 중요한지, 그리고 그 대답 간의 관계가 어떻게 이루어져 있는지 등을 이해하기 어렵습니다. 대답이 너무 많아서 질문에 대답하기 어렵다는 말이 이상하게 들릴 수도 있겠지만, 생각난 순서대로 답을 열거하다 보면 대체 뭐가 중요한 건지 모르겠는 상황을 쉽게 상상할 수 있습니다.

그렇기에 열린 질문 형태의 질문을 만들고 대답하기란 꽤 어렵습니다. 따라서 여기서는 '네'와 '아니요'를 확실하게 구별하여 대답하는 닫힌 질문 형식으로 질문을 만드는 연습을 해 보겠습니다.

질문을 만들기 위해서는 어떻게 해야 할까요? 우리는 보통 자기 흥미나 관심사, 어려운 일에 대한 질문을 만들려고 합니다. 우선 자기 흥미나 어려움이라는 '내용'이 있으면, 거기에 '형태'를 부여하는 것이 질문입니다. 그러나 자기가 어디에 흥미 있는지, 그리고 무슨 문제가 있는지 확실하게 모르는 경우도 있습니다. 뭔가 하고 싶고, 해결하고 싶은데 그게 뭔지를 잘 몰라서 안절부절못하는 그런 상태입니다.

그럴 때는 어떻게 해야 할까요? 한 가지 방법은 문제가 무엇인지 알 때까지 '집요하게 생각해 보는' 것입니다. 이것이 정공법이지만, 좀처럼 실천하기 어렵습니다. 시간이 걸리고 노력도 필요하고, 결론에 도달할 수 있을지 없을지도 확실하지 않습니다.

그렇다면 다른 방법을 제안해 보겠습니다. '내용'이 확실하지 않다면, '형태'부터 시작해 보는 것입니다. 3장에서는 바칼로레아 철학 시험 문제가 몇 가지 형식으로 분류된 모습을 확인했습니다. 그 몇 가지 형식을 차용하여, 질문을 만들어 보겠습니다.

현재 바칼로레아 철학 문제에는 다음과 같은 형식이 있습니다.

1. 가능성에 대한 질문 : ~는 가능한가, ~할 수 있는가

2. 권리에 대한 질문 : ~해도 되는가, ~는 허용될 수 있는가

3. 의무, 또는 필연성에 대한 질문 :  ~해야만 하는가

4. 어떤 하나의 조건은 목적을 달성하기 위해 충분한 조건인가에 대해 묻는 질
   문 : ~는 충분한가

5. 어떤 설명이 옳은지를 묻는 질문 : ~는 진실인가, ~가 맞는가

6. '네, 아니요'의 형태로 대답할 수 있는 질문

7. 문제 중에 선택지가 제시되는 질문


이 형식을 활용하여 여러 가지 종류의 질문을 만들어 보겠습니다. 그리고 그중에서 자기가 막연하게 생각해 왔던 질문과 비슷한 것을 찾아보면 됩니다.

보통은 우선 '문제의식'이 선행된 뒤에 '질문'이 떠오릅니다. 분명 이것이 바른 순서입니다. 하지만 반대로 여러 가지 '질문'을 만들고 나서 자기의 '문제의식'에 부합하는 질문을 찾는 방식으로 진행해도 괜찮습니다.

질문은 가능한 한 많이 만드는 편이 좋습니다. 이 '질문 물량공세 작전'이 자기가 안고 있는 문제를 선명하게 만들어 줍니다. 이처럼 형태에서 시작하여 문제의식을 갖게 될 수도 있습니다.

## 질문을 만드는 여러 가지 방법

질문을 만드는 구체적인 방법을 살펴보겠습니다.

우선 질문의 키워드를 설정해 봅시다. 키워드는 자기 흥미나 문제에 대한 것이며, 우선은 대략적이어도 됩니다. 한 가지 힌트를 드리자면 신문 기사 등에서 구체적인 문제를 여러 가지 준비합니다. 주제가 제각각이어도 괜찮습니다. 꼼꼼히 읽을 필요도 없습니다. 대각선으로 읽으면서 관심이 가는 키워드를 목록으로 작성해도 좋습니다. 키워드를 종이에 베껴 쓰면서 일관성을 높이는 것도 좋은 방법입니다.

또는 자기 관심사나 생각하는 바를 백지에 자유롭게 써 보는 것도 좋습니다. 단어를 나열하는 수준으로도 충분합니다. 복수의 단어를 선으로 엮어 보거나, 화살표로 관계를 표시하면서 종이 위에 자기 생각을 표현해 보세요.

어느 쪽이든 중요한 것은 '문장을 쓰려고' 하지 않는 것입니다. 억지로 문장을 쓰려고 하면 손이 멈춰 버립니다. 자기 시야에 들어오거나, 머릿속에 떠오르는 단어를 형태로 만들어 보는 것이 중요합니다.

한동안 이런 작업을 반복하다 보면 꽤 많은 양의 키워드를 확보할 수 있습니다. 그중에서 생각해 보고 싶은 단어를 선택합니다. 한 가지로 한정할 필요는 없습니다. 바칼로레아 철학 시험의 문제 형태를 빌려와서 각 키워드를 질문 형태로 가공하면 됩니다. 키워드 선택과 달리, 질문 가공은 어느 정도 기계적으로 할 수 있습니다.

이 같은 방식으로 많은 질문을 만들어 보고, 그중에서 자신의 막연한 질문에 형태를 부여하는 질문을 선택하면 됩니다. 많은 조개껍데기를 눈앞에 둔 소라게 같은 기분이 들지도 모르겠습니다.

여기서는 A 씨와 B 씨라는 두 사람을 등장시켜 보겠습니다.


### 사례 1, 이직을 고민하는 회사원 A 씨

A 씨는 대학 졸업 후 취직한 회사에 다니고 있으며, 올해로 10년 차입니다. 업무 내용이나 수입, 인간관계 등으로 인해 고민하고 있으며, 막연하게 이직을 생각하고 있습니다. 다만 자기가 지금부터 어떻게 하고 싶은지 확실한 계획은 없습니다. 따라서 이직할지 말지를 포함한 자신의 상황을 파악하고자 합니다.

A 씨는 거기서 '이직'을 키워드로 삼고 일곱 가지 질문을 만들었습니다.

1. 이직이 가능한가?
2. 이직을 해도 되는가?
3. 이직해야만 하는가?
4. 하고 싶은 일을 찾기 위해서는 이직만 하면 충분한가?
5. '이직하면 모든 것이 해결된다'는 진실인가?

6. 이직은 최후의 수단인가?

7. 이직은 자기 인생에서 득인가, 실인가?


'이직'이라는 하나의 키워드만으로도 이렇게 다양한 질문을 만들수 있습니다. 각각의 질문에 '네'와 '아니요'로 대답해 보면 제시해야 할 논거나 논의의 방향성이 전혀 다르다는 점을 알 수 있습니다.

예를 들어 1번의 '이직이 가능한가?'라는 질문에는 '가능하다, 불가능하다'라는 두 가지 선택지가 있는데, 두 가지 선택지에 대해 충분한 논거를 제시한 후, '도입, 전개, 결론' 형태에 따라 답해야 합니다.

여기서 도출된 논의는 4번의 '하고 싶은 일을 찾기 위해서는 이직만 하면 충분한가?'라는 질문에 대한 답과 전혀 다릅니다. '이직하면 찾을 수 있다, 이직하는 것만으로는 찾을 수 없다'라는 두 가지 선택지에 대해 대답하는 것은 '내가 하고 싶은 일'이 무엇인지, 그리고 이직만 하면 그것을 이룰 수 있는지를 잘 생각해 봐야 합니다. 여기서 '이직'이라는 키워드를 몇 가지 형식에 맞춰 보다 보면 자기 생각이 깊어지는 것을 알 수 있습니다.


**사례 2, 리포트를 작성 중인 대학생 B 씨**

B 씨는 '국가의 재정 안정화에 대해 자유롭게 논하시오'라는 주제로 리포트를 쓰게 됐습니다. 주제는 '소비세 증세'로 정했는데, B 씨는 소비세 증세와 관련하여 조사한 내용을 나열만 해서는 무엇을 논해야 하는지 잘 모르겠습니다. 원래 '자유롭게 논하시오'가 어떤 것인지, 이것으로 학생의 무엇을 평가할 수 있는지에 대한 생각은 접어 두

고, 일단 구체적인 문제를 만들어 보았습니다. 그것이 아래의 일곱 가지 질문입니다.

1. 소비세 증세는 가능한가?
2. 소비세 증세를 해도 괜찮은가?
3. 소비세를 증세해야만 하는가?
4. 재정 안정화를 위해서는 소비세를 올리기만 하면 충분한가?
5. '소비세를 증세하면 재정 안정화가 가능하다'는 진실인가?
6. 소비세 증세는 경제 성장에 유익한가?
7. 재정 안정화를 위해서는 소비세를 올려야 하는가, 아니면 다른 방법을 취해야 하는가?

수업 내용과 스스로 조사한 내용을 되돌아보면서, B 씨는 6번의 '소비세 증세는 경제 성장에 유익한가?'라는 질문에 대해 찬반양론이 있다는 점을 떠올렸습니다. 찬성 의견과 반대 의견을 충분히 검토한 후 결론을 내면, 좋은 리포트가 나올 것 같습니다.

또한 소비세에는 역진성이 있어 저소득층은 세금 부담을 더 크게 느낄 수 있다는 논의를 떠올린 B 씨는 증세에는 재정 안정화 이외에도 검토해야 할 사항이 있다고 생각했습니다. 예를 들어 사회적 정의관점에서 생각하면 '경제 약자에게 부담이 커지는 소비세 증세는 좋은 것인가?'라는 질문을 만들 수 있고, 그것을 2번 질문의 토대로 삼아 '소비세 증세는 윤리적으로 허용되는가?'라는 질문을 만들 수도 있습니다. 이 질문이라면 역진성 문제나 재정 안정화에 의한 미래 세대에의 책임에 대해 사고의 틀을 활용하여 논의해 볼 수 있을 것입니다.

이처럼 막연한 문제의식을 명확한 형태로 만들기 위해서는 발상을 전환하여 우선 질문을 만들어 보는 방법이 유효합니다. 여러 가지 형태의 질문을 만들고 그 안에서 자기 관심사에 가까운 질문을 발견하는 것은, 자기 내부의 문제나 곤란함을 언어화하는 좋은 방법이기도 합니다.

이렇게 만들어진 문제는 닫힌 질문의 형태를 띠므로, '네'와 '아니요'의 형태로 대답할 수 있습니다. 그리고 제1부에서 본 것처럼 질문을 더 다양한 작은 질문으로 분해해 보면, 그 질문에 대답하기 위해 어떤 점을 생각해야 할지를 확실하게 알 수 있습니다. 정의·사실에 관한 질문(~란 무엇인가? ~란 어떤 것인가?)과, 논거를 도출하는 질문(왜~, 어떻게~, 만약 ~이라면 어떻게 되는가?)이 포함됩니다.

다음으로 '네, 아니요'라는 각각의 선택지가 논거를 도출하는 질문에 어떤 논거로 응답할지를 생각하게 합니다. 여기서 중요한 점은 자기 생각과 다른 선택지에 대해서도 가능한 한 많은 논거를 찾아야 한다는 것입니다. 예를 들면 어떤 선택지이건 논거가 5개씩 있는 경우에는 양쪽의 주장 모두 정당하다고 볼 수 있습니다. 그에 대해 한 개 주장이 5개, 또 다른 주장이 2개처럼 논거의 수가 균형이 맞지 않는 경우, 명확하게 5개의 논거를 가진 선택지가 유리한 것처럼 보입니다. 각 논거의 분량도 하나의 판단 요소가 되는 것입니다.

물론 논거의 수뿐만 아니라 내용도 중요하지만, 논거의 수나 길이가 명확하게 다르면 결론으로 유도한다는 인상을 받을 수밖에 없습니다. 이는 주장의 설득력을 손상하는 원인이 됩니다.

그보다는 반대 의견을 충분히 검토한 후 그 의견이 논거가 충분하고 지지하기에 부족함이 없다는 점이 명확함에도 불구하고 자신이 지지하는 선택지가 더 타당하다고 주장하는 편이 설득력을 높이는 방법입니다.

물론 '네, 아니요' 중 어느 한쪽이 아니라, 제3의 선택지를 만드는 경우에도 우선 '네, 아니요' 각각이 지지하는 논거를 모으고, 양쪽이 어느 정도의 타당성을 가진 의견이라는 점을 보여 줄 필요가 있습니다. 제3의 선택지는 양쪽 주장에서 부족한 부분을 보충한 다음, 새로운 시점을 제시하는 것인데, 이 같은 입장은 찬성 의견과 반대 의견을 확실하게 검토한 후에야 만들어 낼 수 있습니다.

**연습 문제**

> 1. 당신이 지금 가장 관심 있는 것을 키워드 형태로 써 보세요.
>
> 2. 바칼로레아 철학 시험 문제의 형태를 활용하여, 그 키워드를 가지고 다섯 가지 질문을 만드세요.
>
> 3. 자신의 문제의식에 맞는 질문을 선택하고, 그에 대해 '네, 아니요' 각각의 선택지를 만드세요.

당신이 지금 가장 관심을 가지고 있는 것을 키워드의 형태로 적어 보세요. 그리고 그 키워드로부터 다섯 가지 질문을 만들어 보세요.

자신의 문제의식에 맞는 질문을 선택하고, 그것에 대해 '네, 아니오' 각각의 선택지를 만들어 보세요.

이 같은 연습을 반복함으로써 질문 만들기와 질문에 대한 두 개의 다른 입장 생각하기를 습관화할 수 있을 것입니다. 질문을 만드는 방법을 자기 것으로 체화하면 무엇이 문제인지도 모른 채 고민하는 일이 줄어들 것입니다. 이 역시 사고의 틀이 주는 자유라고 할 수 있습니다.

## 사고의 틀, 한계를 넘어

지금까지 바칼로레아 철학 시험 문제를 모델로 삼아 질문을 만드는 방법을 살펴봤습니다. 이는 사고의 틀을 활용한 문제 발견과 문제 해결의 방법이라 할 수 있습니다. 그러나 사고의 틀은 결코 만능이 아닙니다. 쉽게 정리할 수 없는 문제도 있습니다. 그것이 무엇일까요?

3장에서 소개한 것처럼 사고의 틀은 어떤 질문에 대해 우선 '네'와 '아니요'로 대답합니다. 긍정적인 의견과 부정적인 의견을 나타낸 다음, 그 논거를 생각해 보는 것이 기본적인 대답 방법입니다. 문제도 '네'와 '아니요'로 답할 수 있는 형식으로 이루어져 있습니다.

만약 모든 문제에 '네'와 '아니요'로 대답할 수 있다면, 사고의 틀은 무적의 방법이겠죠. 그러나 안타깝게도 그렇지 않습니다. 예를 들어 '어제 저녁을 먹었습니까?'라는 질문에는 '네'와 '아니요'로 대답할 수 있지만, '어제 저녁에 무엇을 먹었습니까?'라는 질문에는 '네'와 '아니요'로 대답할 수 없습니다.

'무엇'과 같이 '왜, 어떻게, 언제, 어디서, 누구'와 같은 열린 질문은 '네'나 '아니요'로 대답할 수 없는 형식의 질문입니다. 이런 형식에 속하는 질문은 긍정 또는 부정이 아닌, 질문에 대응하는 정보를 명시해야 합니다. 예를 들어 '이 사람은 누구입니까?'라고 묻는다면, 그 사람의 이름이나 속성 등의 정보를 알려 줘야 합니다.

그리고 열린 질문에는 비교적 간단하게 대답할 수 있는 문제와 그렇지 않은 문제가 포함되어 있습니다. 예를 들어 '어제저녁에 무엇을 먹었습니까? 약속은 언제입니까? 회의는 어디에서 열립니까? 담당자는 누구입니까?'와 같은 문제는 해당하는 정보만 알고 있으면 간단하게 대답할 수 있습니다.

그러나 '왜, 어떻게'와 같은 질문은 종종 대답하기가 어렵습니다. 계속해서 저녁을 예로 들어보면, '어제저녁에는 왜 키츠네 우동(유부 우동을 가리키는 말로 일본에는 여우(키츠네)가 유부를 좋아한다는 이야기가 있어 키츠네 우동이라고 부름 - 옮긴이)을 먹었습니까?'라거나 '저녁 메뉴를 어떻게 골랐습니까?' 같은 질문을 받으면, 대답을 한 가지로 결정하기가 어렵습니다. 키츠네 우동으로 정한 이유는 식재료 때문일 수도 있고, 컨디션이나 기분 때문일 수도 있습니다. 또는 주머니 사정 때문일 수도 있고, 어쩌면 특별한 이유가 없을지도 모릅니다. 만약 '이유가 없다'라는 대답에 만족할 수 없다면, 그 배경에 감춰진 이유를 잠재의식이나 역사적·사회적 조건에서 찾아볼 수도 있겠죠. '왜'를 탐구하는 것에는 끝이 없습니다.

'어떻게'도 비슷합니다. '저녁을 어떻게 만들었습니까?'라고 질문하면 레시피나 순서를 설명하면 됩니다. 그렇지만 '저녁 메뉴를 어떻게 결정했습니까?'라는 질문에는 대체 어디까지 대답하면 되는 걸까요? 직접 요리할지 외식할지를 어떻게 선택하는지, 가족이 있는 경우에는 가족 구성원의 기호나 컨디션을 고려해서 결정하는지 등 다양하게 설명할 수 있습니다.

물론 보통은 '왜'나 '어떻게'와 같은 질문에 그렇게까지 깊이 있는 대답을 하지 않을 테죠. 그리고 질문이 일상생활에서 일어난 일에 대한 것이라면 그런 대답에 특별한 문제가 없다고 느껴집니다.

그러나 대답하기 어렵고, 심지어 중요한 질문이라면 깊이 있는 대답을 해야만 할 때도 있을 것입니다. 앞에서 예로 들었던 이직을 고민하는 A 씨라면 '왜 이직하는가?'라던가 '이직을 어떻게 결정했는가?' 등을 물어본다면 어떻게 대답해야 할지 어렵습니다.

이제부터는 이런 질문에 대답하는 방법과 관련 지침을 알려 드리려고 합니다. 이러한 힌트 역시 바칼로레아 철학 시험에서 찾아보았습니다.

## 바칼로레아 철학 시험에서 배우는 대답하는 법

2장에서 살펴봤듯이 '왜, 어떻게'와 같은 열린 질문과 같은 형식의 문제는 최근 바칼로레아 철학 시험에서는 좀처럼 찾아보기 어렵습니다. 그러나 이런 문제가 전혀 없는 것은 아닙니다. 여기서는 '네, 아니요'와 같은 단순한 대립을 활용한 사고의 틀만으로는 답하기 어려운 문제를 예로 들어 봅시다. 답하는 데 도움이 될 만한 단서를 찾는 일입니다.

### '왜'에 답하려면?

바칼로레아 철학 시험에서 '왜'가 사용된 문제는 다음과 같습니다.

· 우리는 왜 역사를 배우는 데 흥미를 갖는가? (2016년)

· 왜 자기 자신을 알고자 하는가? (2014년)

· 왜 우리는 불필요한 것을 욕망하는가? (2003년)

'왜'라는 질문에 대해 원래는 어떻게 대답해야 하는지 생각해 봅시다. '이유'를 들어 대답해야 하겠죠. 이 '이유'란 어떤 것일까요? '우리는 왜 역사를 배우는 데 흥미를 갖는가?'라는 문제를 예로 들어 보겠습니다. 역사를 배우는 이유 중 하나는 과거에 무슨 일이 있었는지를 알고, 그 과거가 우리와 어떤 관계가 있는지 알기 위해서입니다. 즉, 역사를 배움으로써 우리는 우리가 현재 모습으로 살게 된 '이유'를 알 수 있습니다. '우리는 누구인가?'라는 질문이 역사를 배우려는 의지를 갖게 된 출발점이라면, 그것이 '원인'이라고 할 수 있습니다.

다른 이유도 있습니다. '역사는 반복된다'라는 말이 있습니다. 이것이 정말인지 아닌지 모르지만, 사람은 역사에서 교훈을 얻어 과거의 실수를 반복하지 않도록, 그리고 바라는 미래를 만들어 가기 위해 노력합니다. 이때 역사를 배우는 데는 더 좋은 미래를 만들고 싶다는 '목적'이 있습니다. 그 목적을 실현하겠다는 의지를 갖고 역사를 배우기 때문에, 역사는 우리에게 유용해집니다.

결국 '왜'라는 질문을 받았을 때 그 행위까지 도달하는 '원인' 또는 '동기'를 이유로 대답하기도 하고, 행동을 통해 실현하고자 하는 '목적'을 대답하기도 합니다. 받은 질문이 어느 쪽인지, 또는 그 양쪽 모두인지를 확인해야 합니다.

그리고 '원인'이건 '목적'이건 이유가 여러 가지라면 어떻게 해야 할까요? 복수의 이유를 그저 열거하는 것이 아니라, 그 이유 간의 관계를 확인해야 합니다. 예를 들어 역사를 배우는 이유를 물었다면 그 '원인'과 '목적' 사이에 어떤 관련이 있는지, 그리고 어느 쪽이 중요한지를 논거에 기초하여 서술해야 합니다. 그때 사고의 틀에서 살펴봤던 것처럼 결론 직전에 자신이 지지하는 입장을 위치시킴으로써 설득력을 증가시킬 수 있습니다. 여러 이유 중에서도 무엇이 가장 본질적인지 확인하여 제시해야 합니다.


### '어떻게'에 답하려면?

'어떻게'를 물어보는 질문에는 어떻게 대답할 수 있을까요? 예를 들면 '이 요리를 어떻게 만드나요?'와 같이 '어떻게'에 속하는 타입의 질문에 대답하려면, 요리의 순서나 필요한 재료, 도구를 설명하면 됩니다. 거기에 더해 시간 순서에 따라 전개하는 '과정'이나 그러한 과정을 잘 진행하는 '방법'을 답합니다.

바칼로레아 철학 시험에서는 '어떻게'라는 형태의 질문이 출제된 적은 거의 없지만, 다음과 같은 문제가 있었습니다.

· 어떤 행동이 옳은지 어떻게 결정하는가? (1998년)
· 픽션과 역사를 어떻게 구별하는가? (1999년)
· 우리가 이성을 가지고 있다는 것을 어떻게 알 수 있는가? (2002년)

바칼로레아 철학 시험에서 출제된 문제는 시간 순서에 따라 과정을 서술하는 것만으로는 충분하지 않습니다. 예를 들어 '옳은 행동'을 명확하게 밝히려면 어떤 행동이 옳기 위한 조건은 무엇인지 논의해야 합니다.

'픽션와 역사의 차이'나 '이성의 존재'도 우리가 만들어 낸 이야기와 역사를 구별하는 기준이나, 이성을 갖고 있다는 것을 증명하기 위해서 어떤 조건이 필요한지를 나타낼 필요가 있습니다.

이는 예를 들면 요리 레시피에 대해 이야기하기 전에 '애초에 요리란 무엇인가? 요리와 요리가 아닌 것은 어떻게 구별하는가?'와 같은 질문을 던지는 것과 같습니다. 과정이나 방법이 성립하기 위한 조건을 대답하는 것이 바칼로레아 철학 시험에서 '어떻게'가 들어간 질문에 대답하는 방법입니다.

물론 '어떻게'가 들어간 모든 질문에 이처럼 사물의 조건을 검토해야만 한다는 것은 아닙니다. 대부분 질문은 과정이나 방법을 답하는 것만으로도 충분합니다. 그러나 혹시 그러한 질문 안에 '조건'을 묻는 내용이 섞여 있을 수도 있다는 점을 감안하면, 다른 대답을 할 수 있을지도 모릅니다.

예를 들어 '옳은 행동'에 대해 생각해 보면, 단순히 행동의 옳음을 구별하는 방법을 서술하는 것만으로는 충분하지 않습니다. 이 질문은 정의란 무엇인가 그리고 어떤 행동의 옳고 그름을 어떤 조건으로 판단하는가를 확인하는 질문입니다. 아마도 공정이나 평등이라는 이념이 실제 행동을 판단할 때 어떻게 적용되는지 물어보려는 의도겠죠. 판단의 대상이 되는 '행동'은 다양합니다. 그 다양함 속에서 공통점을 발견하고, 그것을 소논문에 서술해야 합니다.

그리고 '조건' 자체도 여러 가지가 있을 수 있습니다. 이때 다양한 조건 내부에 존재하는 관계를 정리하고, 무엇이 가장 중요한 조건인지를 서술할 수 있다면 문제에 충분한 답을 제시할 수 있을 것입니다.

## 문제를 복수의 질문으로 분해하라

'왜, 어떻게'를 물어보는 질문에는 단순하게 '네, 아니요'가 가진 각각의 논거를 생각하는 것보다 복잡한 대답이 요구됩니다. 그러나 그렇다고 해서 지금까지 살펴봤던 닫힌 질문에 대답하는 방법이 전혀 통용되지 않는 것은 아닙니다. 문제를 복수의 질문으로 분해하는 것은 특히 유효한 방법입니다. 그렇게 하면 무엇을 논의해야 할지 명확하게 보인다는 점은 자주 출제되는 문제 형식에서도 똑같이 적용됩니다. 물론 '왜'나 '어떻게'라는 질문 형식은 사용할 수 없지만, 그 외의 형식을 활용하여 복수의 질문을 만들어 낼 수 있습니다.

'왜 자기 자신을 알고자 하는가?'라는 문제를 예로 들어 보겠습니다. 몇 가지 형태에 기계적으로 맞춰 보면 다음과 같은 질문을 만들어 낼 수 있습니다.

· 자기 자신을 안다는 것은 어떤 것인가?
· 자기 자신을 정확하게 알 수 있는가?
· 자기 자신을 알아야만 하는가?
· 어떻게 자기 자신을 알 수 있는가?
· 만약 자기 자신을 알 수 있다면, 그것은 어떤 조건이 있을 때 가능한가?
· 만약 자기 자신을 알 수 없다면, 그것은 왜 불가능한가?
· 자기 자신을 알기 위해서는 자기를 의식하기만 하면 되는가?
· 자기 자신만을 아는 것이 가능한가? 다른 사람이나 세상에 대한 이해 없이 자기 자신을 알 수 있는가?

다음으로 '픽션과 역사를 어떻게 구별할 수 있는가?'를 사용하여 복수의 질문을 만들어 보죠.

· 픽션이란 무엇인가? 역사란 무엇인가?
· 픽션과 역사를 구별해야 하는가?
· 왜 픽션과 역사를 구별해야 하는가?
· 픽션과 역사를 명확하게 구별하기 위해서는 어떤 조건이 필요한가?
· 픽션과 역사를 구별할 수 있다면, 우리는 과거의 진리를 알 수 있는가?
· 만약 픽션과 역사를 구별할 수 없다면, 우리는 과거의 진리를 알 수 없는가?

· 픽션과 역사를 구별할 때 역사는 진리를 말하고 있다고 할 수 있는가?

· 픽션은 진리에 대해 말할 수 없는가?


이러한 질문은 대부분 '네'와 '아니요'로 대답할 수 없습니다. 모든 질문에 대해 두 가지 입장을 검토할 필요는 없지만, 각각의 입장에 어떤 논거가 있는지, 그리고 그것은 '왜'나 '어떻게'라는 질문에 대답하기 위해 어떤 도움이 될지 예상해 볼 수 있을 것입니다.

이처럼 복수의 질문을 만들고 이 질문에 대답하는 전략을 세우다 보면, '왜, 어떻게'처럼 언뜻 대답하기 어려워 보이는 문제에 대한 명확한 답 작성법을 찾을 수 있게 됩니다.


## 질문의 전제를 의심하라


'왜, 어떻게'라는 질문을 다룰 때 도움이 되는 또 다른 방법이 있습니다. 문제 자체의 전제를 의심해 보는 방법입니다.

바칼로레아 철학 시험에서는 주어진 문제에 정해진 틀을 지켜 대답해야 했습니다. 닫힌 질문일 때에는 무조건입니다. 하지만 열린 질문이라면 조금 더 자유롭게 대답할 수 있습니다.

예를 들어 3장에서 다뤘던 질문인 '이성은 모든 것을 설명할 수 있는가?'를 다시 한번 살펴보겠습니다. 이 질문에 대해 '이성은 모든 것을 설명할 수 있다'와 '이성은 모든 것을 설명할 수는 없다'라는 두 가지 입장에 대해 논해야 합니다. 초반 검토에서는 찬성과 반대 외의 선택지는 대답 방법이 틀렸다고 판단합니다.

열린 질문이라면 어떨까요? '왜, 어떻게'라는 문제를 논할 때는 복수의 '이유'나 '조건'에 대해 논해야 하고, 그 순서도 답안 작성자의 판단에 따라 차이가 클 것입니다. 따라서 닫힌 질문에서는 사용하기 어려웠던 문제의 전제에 대해 질문하는 방법도 사용할 수 있습니다.

구체적으로는 어떻게 해야 할까요? '왜 우리는 불필요한 것을 욕망하는가?'라는 질문을 예로 들어 보겠습니다. 이 질문에서는 '우리는 불필요한 것을 욕망한다'에 대한 '이유'를 답해야 합니다. 그 두 가지를 충분히 논의할 수 있다면, 좋은 답을 생각해 낼 수 있을 것입니다.

그러나 여기서 질문하지 않은 부분이 있습니다. 이 문제에서는 '우리는 불필요한 것을 욕망한다'라는 사실 자체는 의심하지 않았습니다. '왜'라는 질문은 '우리는 불필요한 것을 욕망한다'라는 사실을 옳다고 인정한 다음에야 물어볼 수 있는 질문입니다.

그렇다면 만약에 '우리는 불필요한 것을 욕망한다'라는 문장이 틀렸다면 어떻습니까? 즉, '우리는 필요한 것만 욕망한다'는 주장이 옳을 가능성 말입니다. 우리는 물건이나 금전, 명예, 권력 등 대상의 종류를 가리지 않고 불필요한 것을 욕망하는 듯이 보입니다. 그렇지만 욕망이 인간의 본질이라면, 언뜻 보면 불필요해 보이는 것에도 뭔가 필요성이 있을지도 모릅니다.

물론 바칼로레아 철학 시험 문제에서는 전제가 틀린 경우가 거의 없을 것입니다. 그러나 우리가 일상생활에서 맞닥뜨리는 문제는 어떨까요? 전제가 틀렸을 가능성, 그리고 이 때문에 문제 자체가 성립하지 않을 가능성이 있습니다. '왜 ○○인가?'라는 질문에 답하기 전에 '만약 ○○가 아니라면?'이라고 생각해 보는 태도는 질문 자체를 비판적으로 보는 데 도움이 될 것입니다.

이 같은 부분은 '어떻게'가 들어간 질문에도 적용할 수 있습니다. '우리가 이성을 가지고 있다는 것을 어떻게 알 수 있는가?'라는 질문은 원래 '우리가 이성을 가지고 있다는 것'을 알 수 있다는 전제가 있고 나서 성립하는 질문입니다. 그러나 어떤 의미이건 이성을 가지고 있다는 것을 알 수 없다면, 이 질문은 성립하지 않습니다. 과연 이성을 가지고 있다는 것을 알 수 있을까요? 혹시 불가능하다면, 왜 그럴까요? 만약 가능하다면 그것은 어떻게 하면 가능할까요?

이처럼 문제 자체가 성립하는지 아닌지를 검토한 다음에 문제에 답하려는 태도는 주어진 질문에 대답하는 것에 그치지 않고 질문이 타당한지 의문을 가지는 것입니다. 정보를 그대로 받아들이기만 하지 않고 비판적으로 진위를 의심하는 태도는 유언비어나 가짜뉴스에 휘둘리지 않고 판단하는 데 필요합니다.

정리해 보겠습니다. '왜, 어떻게'와 같은 열린 질문에 대답할 때는 우선 문제의 전제를 의심해 볼 필요가 있습니다. '왜 ○○인가? 어떻게 ○○하는가?'라는 질문에는 암묵적으로 그 '○○'가 옳다는 전제가 깔려 있습니다. 그러나 그 전제까지도 한번 의심해 보는 태도는 해답자가 지적으로 성실하고, 또한 신중한 자세를 갖고 있다는 것을 드러낸다고 할 수 있습니다.

# 바칼로레아 철학 시험을 넘어

지금까지 바칼로레아 철학 시험을 재료로 삼아, 여러 가지 질문 형태에 어떻게 대답해야 할지 살펴보았습니다. 프랑스 고등학생들은 이런 형식의 문제에 대답하는 훈련을 반복하고 있는데, 이 훈련은 프랑스 사회를 살아가는 다양한 상황에서 도움이 됩니다. 예를 들어 공무원 채용 시험이나 승진 시험에서는 틀을 지킨 디세르타시옹을 쓸 수 있는지가 합격 여부를 가른다고 합니다. 바칼로레아 철학 시험과 고등학교 철학 교육은 이른바 평생 필요한 사고하는 힘, 그리고 표현하는 힘의 기초를 만들어 주는 것입니다.

하지만 바칼로레아 철학 시험에서 평가하는 사고력과 표현력은 어디까지나 기초적인 수준에 불과합니다. 원래 사고력과 표현력은 고등 교육과 그 후에 접하게 되는 사회에서 다양한 국면을 맞닥트리면서 길러집니다. 이 책에서 바칼로레아 철학 시험의 사고의 틀을 하나의 모델로 소개했지만 이 틀도 만능은 아니며, 사고하고 표현하는 방법의 궁극적인 형태인 것도 아닙니다. 당연히 더 고도의 사고를 요구하는 과제가 존재합니다.

이처럼 난도가 더 높은 문제를 예시로 맛보기 위해, 프랑스의 엘리트 양성 기관인 그랑제콜의 최고봉 중 하나라고 불리는 고등사범학교의 입학 문제를 소개하겠습니다.

고등사범학교는 프랑스 혁명 후인 1794년에 교원 양성 목적으로 설립되었습니다. 프랑스 혁명기의 혼란으로 인해 일시적으로 폐쇄되었지만, 1808년에 나폴레옹에 의해 재개됐습니다. 그 후에도 우여곡절을 거쳐 200년 이상 엘리트를 길러 온 전통 있는 학교입니다.

이 학교에 입학하기 위해서는 원칙적으로 바칼로레아를 취득한 다음, 그랑제콜 준비학급인 프레파에서 2년 동안 배운 후, 입학시험을 치러야 합니다. 프레파는 대학 학사 과정 중 처음 2년 동안의 배움과 비슷한 수준을 배운다고 인정받는 교육 기관입니다. 매주 30시간 전후의 수업을 받고, 매주 어떤 과목의 디세르타시옹 시험이 있으며, 소인원으로 구성된 구술 모의시험 과정인 '콜(Colle)'도 계속 수강해야 합니다. 이 수업뿐만 아니라 각 과목과 관련된 방대한 문헌 리스트가 배부됩니다. 거기에 실린 책을 읽는 것은 물론이고, 각자가 자기 흥미나 관심사에 따라 더욱 깊은 지식을 가져야 합니다. 프레파 1년 차가 끝날 때가 되면 진급 조정이 있는데, 여기서 부적격이라고 판단된 학생은 대학으로 전출됩니다. 다만 프레파에서 보낸 1년을 대학 교육 1년으로 간주하여 2학년부터 학업을 지속할 수 있습니다.

그랑제콜 입학시험은 2번까지 치를 수 있도록 제한됩니다. 상위 학교에서는 그 경쟁이 매우 치열합니다. 에콜 폴리테크니크나 고등사범학교처럼 상위 학교 합격자는 4년 동안 공무원에 준하는 신분을 보장받으며, 급여도 지급됩니다.

입학시험은 상경계열·공학계열에 따라 과목이 다르지만, 2단계 선발에 부과되는 방식을 통해 정원의 대부분을 선발합니다. 일차 시험이 필기시험, 이차 시험이 구술시험으로 그 두 가지 시험을 통과해야 입학할 수 있습니다.

어떤 과목의 시험을 치르는 것일까요? 인문계열을 예로 들어 보겠습니다. 인문계열에는 A 입시와 B 입시라는 두 가지 제도가 있습니다. A 입시는 그리스어 또는 프랑스어 고전어가 필수인 인문학 과정이며, B 입시는 고전어가 없는 대신 수학과 사회과학·경제학 시험을 치르는 과정입니다. A 입시에서는 필기시험 6과목(역사, 프랑스어, 철학, 외국어, 고전어, 선택 과목)과 구술시험 6과목(과목은 필기시험과 동일합니다)을 치러야 합니다. 필기시험은 고전어 작문과목이 4시간이며, 그 외에는 모두 각 6시간, 구술시험은 문제가 제시된 후 1시간의 준비시간이 주어지며, 시험관 앞에서 30분간 구술해야 합니다.

인문계열에만 있는 철학 시험은 6시간으로, 바칼로레아 시험 시간인 4시간보다 훨씬 깁니다. 이 시험에서는 어떤 문제가 출제될까요?

고등사범학교의 시험도 코로나 사태로 인해 실시 방법이 변경되는 등의 영향이 있었기 때문에, 여기서는 코로나 사태 발생 전 5년 동안의 A와 B 두 가지 과정에서 출제된 철학 문제를 살펴보겠습니다.

| 연도 | A 입시 | B 입시 |
|---|---|---|
| 2015년 | 설명한다 | 지식과 신뢰 |
| 2016년 | 무엇을 금지할 수 있는가? | 정의의 관념 |
| 2017년 | 인간의 경계를 정할 수 있는가? | 사고한다는 것은 무엇인가? |
| 2018년 | 책임 | 현재성/현실성 |
| 2019년 | 형이상학적 경험은 존재할 수 있는가? | 표상하다 |

바칼로레아 철학 시험과 공통되는 문제 형식도 있지만, 확실히 난도가 높습니다. 구체적으로 어떤 부분에서 어려워진 걸까요?

10문제 중 닫힌 질문 형식의 문제는 2문제에 불과합니다(2019년 A와 2017년 A). 심지어 그 내용도 고등학교 철학 교육의 범위를 벗어나는 것입니다. 2019년 A에서는 고등학교 철학 교육에서는 명시적으로 다뤄지지도 않았던 '형이상학'이라는 커다란 철학 주제가 출제됐습니다. 2017년 A의 '인간답다는 것' 또한 철학 교육에 나오는 복수의 개념을 아우르는 문제입니다. 어떤 문제건, 바칼로레아 취득 후 2년 동안 준비 후에 치르는 입학시험의 수준을 잘 보여 주고 있습니다.

그리고 2017년 B와 2016년 A는 열린 질문의 형식을 띠고 있습니다. 2017년 B인 '사고한다는 것은 무엇인가?'는 바칼로레아에서는 최근 출제되지 않는 '~란 무엇인가?'라는 정의를 묻는 문제, 그리고 2016년 A인 '무엇을 금지할 수 있는가?'는 법이나 정의 등 고등학교 철학 교육의 연장선에 있는 문제인데, 단순 열거에 그치지 않고 논의까지 하는 것은 언뜻 보면 쉬워 보이지만 어렵습니다.

다른 문제는 더욱 난해합니다. 단일 또는 복수의 명사만으로 이루어진 문제(2018년 A·B, 2016년 B, 2015년 B)는 출제된 명사를 정의하고, 거기서 문제를 추출하여 그에 대해 논의한 다음, 심지어 질문에서 벗어나면 안 된다는 힘든 미션을 제시합니다.

그리고 '표상하다'(2019년 B), '설명한다'(2015년 A)는 동사 하나만으로 이루어진 문제입니다. 이는 궁극적으로 열린 질문일지도 모릅니다. 애초에 무엇을 묻는 건지 알기 어렵다는 점에서 이 두 가지 문제는 꽤 난도가 높습니다.

바칼로레아 철학 시험에 관한 이런 농담도 있습니다. '리스크란 무엇인가?'라는 문제에 수험생이 '이거다!'라고 써서 퇴출당했다는 이야기입니다. 말 그대로 리스크를 감안한 행동이지만, 유감스럽게도 실화는 아닙니다. 그러나 지금도 '~란 무엇인가?'라는 형식의 질문이 출제되는 고등사범학교 입학시험에서라면 (추천하지는 않지만) 이처럼 '용감한' 답안이 가능할지도 모르겠네요.

## '설명하다'에 어떻게 답할 것인가?

'설명하다'라고 물어보면 대체 무엇을 어떻게 대답해야 할까요? 종종 바칼로레아 철학 시험에 대해 '매우 어려운 시험'이라던가 '정해진 답이 없는 문제'라고 형용하는데, 고등사범학교의 문제에 비하면 솔직하고 알기 쉬워 보입니다. 고등사범학교의 시험 문제야말로 궁극의 열린 질문이라고 해도 될 것 같습니다.

그렇지만 이러한 문제는 바칼로레아 철학 시험 문제의 발전된 버전이며, 결코 대답할 수 없는 문제는 아닙니다. 고등사범학교의 웹사이트에는 시험위원이 출제 의도나 수험생의 성적 분포에 관해 상세하게 해설한 보고서가 공개되어 있습니다. 2015년에 출제된 문제인 '설명하다'와 관련해서는 다음과 같이 설명하고 있습니다.

'설명하다'라는 문제는 애매합니다. 무엇을 어떻게 논해야 할지,

짚이는 곳이 없습니다. 그러나 그것이 출제 의도입니다. 바칼로레아 철학 시험에서는 문제와 관련된 주제나 개념을 비교적 간단하게 특정할 수 있습니다. 그러나 '설명하다'라는 개념은 다양한 철학적 시점에서 접근해 볼 수 있습니다. 예를 들면 '과학적 설명'이라는 개념에 대해서도 수학이나 물리학 측면의 설명이 다르고, 자연과학과 인문학 측면의 설명도 동일시할 수 없습니다. 수험생이 어떤 시점을 선택하는지, 그리고 복수의 시점을 조합하여 일관된 논의를 할 수 있는지 시험해 보는 것이 문제의 의도입니다. 당연하게도 '설명하다'라는 표현을 보고 떠올린 것을 그저 열거하기만 한 답안은 낮은 평가를 받습니다.

'설명하다'라는 문제에 답하기 위해서는 바칼로레아 철학 시험과 동일하게 우선 문제를 분석해야 합니다. 이를 위해서는 문제에 나온 단어를 정의해야만 한다는 점 역시 바칼로레아와 동일합니다. 그렇다면 '설명하다'라는 동사 하나를 정의한다는 것은 어떤 의미일까요? 사전적 설명을 서술하거나, 용법의 차이에 대해 상세하게 논하기를 요구하는 것은 아닙니다. 오히려 '설명하다'라는 문제가 '설명'이라는 명사의 형태나, '과학적 설명'과는 무엇이 다른지를 명확하게 밝혀야 합니다.

예를 들면 '설명하다'와 '설명'의 차이는 무엇일까요? '설명하다'는 동사이고, '설명'은 명사입니다. 즉, '설명하다'에는 행동의 측면이 있으며, 거기에는 다른 사람과의 관계가 존재합니다. 그 경우에 '설명하다'는 대체 어떤 것일까요?

게다가 '설명하다'라는 동사를 다른 동사(번역하다, 이해하다, 정당화하다, 증명하다, 정의하다, 기술하다 등)와 비교하여 그것이 사용되는 구체적인 사례를 자연과학이나 인문·사회과학 안에서 찾아봄으로써, '설명하다'라는 것이 대체 어떤 문제를 제기하는지를 밝혀야 합니다. 보고서에 언급된 사례에는 지동설이나 갈릴레오 갈릴레이(Galileo Galilei)의 실험, 에반젤리스타 토리첼리(Evangelista Torricelli)의 진공, 찰스 다윈(Charles Robert Darwin)의 진화론, 빛의 입자와 파동의 이중성에 관해 슬릿을 활용한 토머스 영(Thomas Young)의 실험, 피터 힉스(Peter Ware Higgs) 입자(입자물리학의 표준 모형을 구성하는 가장 근본적인 입자의 하나 - 옮긴이) 또는 프랑스 혁명 등이 있었습니다.

그러나 사례를 제시하는 것만으로는 충분하지 않으며, 그 사례가 '설명하다'라는 문제를 개념 수준에서 생각하기 위한 발판이 되어서는 안 된다는 점을 강조하고 있습니다. 이를 위해서는 사례에서 나타난 교훈을 추상화하는 능력이 필요합니다.

또는 '설명하는' 어려움으로 눈을 돌려 보는 방법도 추천합니다. 우리는 무엇인가를 '설명하는' 것이 어떤 현상의 원인을 밝히는 것이라고 생각하기 쉬운데, '설명하는' 것이 사물을 이해하기 어렵게 만들 수도 있다는 점에 주의해야 합니다. 예를 들어 어떤 선율을 '설명하는' 행동은 그 선율의 본질을 이해했다는 의미일까요?

출제자가 의도한 질문에는 설명의 대상과 관련된 것(무엇을 설명하는지), 설명하는 주체와 관련된 것(누가, 어떤 자격을 갖고 설명하는지), 설명의 본질이 가진 복수성과 관련된 것(어떤 것을 어떻게 설명하는지) 등이 있습니다. 이러한 질문은 '설명하다'가 사용된 문맥을 고려함으로써 더욱 깊고 상세하게 논의할 수 있습니다.

이에 대해 '왜 설명하는가?'라든가 '모든 것을 설명할 수 있는가?'와 같은 질문을 던져서는 안 됩니다. 왜냐하면 이런 질문은 '설명하다' 그 자체가 아니라, 설명하는 동기나 가능성에 대해 생각하게 만들기 때문입니다. 결국 중요한 것은 문제와 멀어지지 않고, 거기서 다양한 질문을 만들어 내는 것입니다.

바칼로레아 철학 시험에서 고득점을 받는 비결은 인용입니다. 고등사범학교 입시에서도 마찬가지입니다. 그러나 정확한 인용을 적절한 곳에서 사용하는 것만으로는 충분하지 않습니다. 평가 기준은 얼마나 많은 인용을 정확하게 사용하고 있는지가 아닙니다. 논의의 문맥상 필요한 인용만 선택하여 사용하고 여기에 더해 저자가 그것을 서술한 문맥을 정확하게 밝힌 후, 수험생이 그 내용을 충분히 논의해야 합니다. 바칼로레아 철학 시험에서는 철학사적 문맥을 무시한 인용도 허용되었지만, 고등사범학교 입시에서는 저자의 사상에 입각하여 인용할 필요가 있습니다. 이렇게 할 수 있는 이유는 준비학급을 보내는 2년 동안 바칼로레아의 수준을 크게 뛰어넘는 양질의 독서를 했기 때문입니다.

이에 더해 프랑스어의 정확한 사용 여부도 평가의 대상입니다. 철자 오류나 문법 실수 등은 논외이지만, 어휘 선택이 정확하고, 심지어 섬세해야 합니다. '알기 쉬운' 문장일 것은 물론이고, '아름다운' 문장이어야 한다고 해도 맞을 것입니다.

정리해 보겠습니다. '설명하다'라는 단순한 문제라도 단어의 의미를 정의하고, 다른 단어와의 차이를 밝히면서, 생각해야 할 질문을 만들어 본다는 점은 바칼로레아 철학 시험과 동일합니다. 그러나 질문이 주제에서 벗어나지 않아야 하며, 질문을 다양한 시점에서 논의해야 합니다. 이 점에서 '네'와 '아니요'를 최소한으로 짚고 넘어가면 되었던 바칼로레아 철학 시험보다 훨씬 어렵습니다.

심지어 구체적인 사례를 들어 그 철학적 의미도 밝혀야 합니다. 또 인용할 때는 그 문장의 문맥에도 신경 써야 합니다. 문체나 어휘 선택 역시 세련되어야 합니다. 이 역시 훈련의 성과입니다. 당연한 이야기지만 입학시험은 그러한 훈련의 결과를 평가하는 것이기도 합니다.


이 2015년 보고서에는 성적 분포 관련 내용이 기술되어 있지 않지만, 5년 정도의 성적 분포를 보면 거의 변화가 없는 것 같습니다. 여기서는 2018년의 A 입시 문제 '책임'의 시험보고서를 참고로 어느 정도의 수험생이 이러한 문제를 풀었는지를 살펴보겠습니다.

평균점은 20점 만점 중 10.03점입니다. 4,533장이라는 답안 중 14점 이상(매우 우수)의 성적을 받은 답안이 907장, 즉, 전체의 20퍼센트 정도입니다. 그중 16점 이상 18점 미만의 답안은 238장, 18점 이상 20점 이하의 답안은 148장입니다. 바칼로레아 철학 시험의 평균점은 20점 중 7점 정도였습니다. 문제의 난도가 높아졌음에도 불구하고, 평균점이 상승했고 우수한 답안도 많아졌다는 것은 수험자의 수준이 매우 높다는 것을 의미합니다. 그렇다고 해도 6점 미만의 답안이 722장이며, 그중 236장은 4점 미만으로, 합격점에 한참 못 미치는 수험자도 있습니다. 철학에 자신 없는 수험생은 다른 과목에서 만회하려고 하겠지만, 수준 높은 수험자들 사이에서는 어려운 일입니다.

바칼로레아 철학 시험이 마지막은 아닙니다. 지금 설명한 것처럼 더 높은 수준의 시험이 존재합니다. 그렇지만 그 시험이 전혀 다른 능력을 평가한다기보다도, 바칼로레아 철학 시험에서 평가된 능력을 더 높여야 달성할 수 있는 목표입니다. 물론 거기에 이르기까지 매우 밀도 높은 노력을 기울여야 하며, 출제되는 문제 또한 간단하지 않습니다. 하지만 여기에는 확실한 연속성이 있습니다.

## 정답이 없는 문제, 괜찮다

이 장에서 살펴본 질문을 만드는 방법과 열린 질문에 대답하는 방법은, 하나의 방법에 지나지 않습니다. 이 방법이 항상 도움이 된다고 하기도 어렵습니다. 우리가 일상생활 속에서 맞닥트리는 문제는 이런 카테고리에 포함되지 않는 경우도 많을 것입니다.

그러나 여기서 배운 문제를 만드는 방법이나 답하는 방법이 존재한다는 것을 알고 있으면, 적어도 문제가 복잡하거나 다양하다는 이유로 망연자실할 일은 예방할 수 있다고 생각합니다. 충분하지 않을 수도 있지만, 바칼로레아 철학 시험을 참고로 삼아 배운 '문제를 생각하는 방법'과 '문제를 푸는 방법'은 다양하고 복잡한 현실을 몇 가지 질문으로 분해하는 도구로 활용할 수 있을 것입니다.

그리고 '답하는 방법'을 안다는 것은 '답이 나오지 않는 것'을 두려워하지 않는다는 의미입니다. 어떤 문제의 답을 찾을 수 없을 때는 다양한 원인이 있을 것입니다. 판단을 내리는 데 필요한 정보가 없다거나, 정보가 충분해도 결단을 내리지 못하는 등 답을 내지 못하는 요인은 한 가지가 아닙니다.

그러나 '질문을 만드는 법', 그리고 '풀이법'을 익히고 있다면, 답이 없는 문제라도 언제든 되돌아가서 다시 한번 생각해 볼 수 있을 것입니다. 문제를 발견하는 힘, 문제를 해결하는 힘을 익힌다는 것은, 역설적이지만 '답이 없는 것'에 대한 두려움을 줄여 주기도 합니다.

더욱이 질문에 대답하는 방법을 알고 있으면 '답이 없는 것', '의견이 바뀌는 것'도 두려워하지 않게 됩니다. 새로운 정보나 논거를 손에 넣음으로써 자신이 지금까지 옳다고 생각해 왔던 것이 실은 옳지 않았다는 사실을 알게 되었을 때, 우리는 그때까지의 자기 의견에 집착하거나 변화를 받아들이는 데 소극적인 태도를 고치기 쉽습니다.

새로운 조건으로 다시 한번 질문을 만들어 보고, 자기 의견을 절대시하지 않고, 몇 번이고 수정하며, 계속해서 의심해 보세요. 이 같은 태도야말로 '교양'이 주는 선물이며, 시민에게 필요한 자세라고 생각합니다. 능숙하게 사용할 수 있다면 강력한 무기가 될 것입니다.

# 사고의 틀과 시민 교육

　다섯 장에 걸쳐 프랑스 바칼로레아 철학 시험의 디세르타시옹 쓰는 방법을 통해 사고의 틀이 어떤 것인지 소개했습니다. 그 목적은 프랑스 철학 교육을 참고하여 스스로 사고하고, 표현하기 위한 요령을 생각해 보기 위해서였습니다. 말하고 싶었던 것은 사고의 틀이 '답하기 어려워 보이는 문제'에 답할 수 있게 만드는 '강력한 도구'라는 점입니다. 심지어 이 틀은 철학 문제에 답하는 데만 쓰이는 것이 아니라, 사회에서 매일 일어나는 다양한 문제를 해결하는 방법이기도 합니다.

　6장에서는 철학이라는 특정한 지성의 문맥에서 한발 물러나, 사고의 틀을 활용하기 위한 요령, 그리고 마음가짐에 대해 생각해 보았습니다.

이처럼 틀에 대한 해설을 하면서 계속해서 생각한 것은 민주주의 사회에서 시민이란 어떤 존재인가, 그리고 그것은 어떻게 육성할 수 있는가 하는 부분이었습니다.

반대 의견의 합리성을 검토한 후에야 결론을 도출하는 바칼로레아 철학 시험의 소논문 작성법은 자기 생각을 주장하는 것뿐만 아니라, 상대의 주장에도 귀를 기울이고, 그 논리를 내재적으로 파악한 다음 비판한다는 가상의 대화 형식을 취하고 있습니다. 이러한 대화는 변증법적인 구조를 통해 결론을 도출하는데, 반복 학습을 통해 이 같은 논의 진행 방법을 익히는 것은 어쩌면 모두에게 중요하겠다는 생각이 들었습니다.

그렇지만 프랑스의 중등 교육이나 고등 교육처럼 이 같은 논의 방법을 배울 기회는 우리 사회에서 충분히 제도화되어 있지 않습니다.

## 프랑스다운 사고의 틀, 유래와 한계

존경하는 연구 동료 와타나베 마사코(渡邊雅子) 씨는 최근 《윤리적 사고의 사회적 구축》에서 프랑스 교육을 사례로 들며 '윤리적 사고'는 결코 보편적인 것이 아니라, 사회적으로 구성되어 온 것임을 상세하게 설명했습니다. 초등 교육에서 중등 교육에 이르기까지 문학, 철학, 역사, 시민성 교육 등 프랑스 교육의 여러 양상을 통해 '논리적 사고의 프랑스적 양식은 어떻게 만들어지는가'라는 질문을 추적한 이

석학의 노력에 크게 감명받았습니다.

와타나베 씨가 밝힌 것처럼 윤리적인 사고가 사회적으로 구성되어 있지 않고, 배경이나 문맥이 공유되지 않는 상황에서 그 일부만 도려내어 배운다면, 이해도나 받아들이는 수준은 피상적인 것에 그칠수도 있습니다. 이 책에서 소개한 사고의 틀 관련 내용도 단순한 프랑스 철학 교육에 대한 예찬으로 비치지 않길 바랍니다.

프랑스 철학 교육이 대단하기에 따라 해야 한다고는 생각하지 않습니다. 이 책에서도 종종 철학 교육의 이념과 현실의 괴리에 대해 언급했습니다. 프랑스에서조차 잘 진행되고 있지 않은 제도를 다른 나라에서 도입한다고 잘 진행될 리가 없습니다. 심지어 가르치는 사람도 없고, 철학 교육에 대한 사회적 합의도 없는 상황에서 프랑스식 철학 교육을 하라고 하는 것은 백해무익합니다. 문화와 사회 전체에 자리 잡은 것을 표층만 가지고 온다고 해서 어디서든지 뿌리 내리기를 기대하기란 어렵다는 말입니다.

더욱이 프랑스 철학 교육은 중등 교육의 총정리에 불과하며, 그런 만큼 모든 논리적 사고법을 익혔다고 볼 수도 없습니다. 고등 교육(대학)에서는 고등학교에서 배운 도식으로 다룰 수 없는 더욱 복잡한 문제에 몰입해야 하고, 당연히 전공 분야에 따라 전혀 다른 표현법을 사용하기도 합니다.

긴 시간 알고 지낸 프랑스 친구인 철학 연구가는 최근 프랑스의 고등학교 철학 교육이 평면적인 짝퉁 변증법 도식에 사고를 밀어 넣은 정도이며, 아주 비굴하다고 한탄하고 있었습니다. 또 그 친구는 학생들이 고득점을 받기 위해 인용을 암기하기만 하고, 그 인용 내부에 존재하는 철학적 저작의 깊은 사고를 눈치채지 못하는 것도 철학 교육의 본질에 적합하지 않다고 생각했죠. 프랑스인에게 철학 교육이나 사고의 틀은 결코 이상적인 사고법이 아니었습니다.

## 사고의 틀을 활용하기 위해

그러면 왜 프랑스 철학 교육을 소개하고, 여기저기에서 사고의 틀의 유효성을 강조하는 걸까요? 모순되지만, 그것은 그 '철학'이 우리에게 주는 시사점이 많기 때문입니다.

그러나 이 철학은 좀처럼 깨닫기 힘듭니다. 고등학교에서 철학을 배우는 것이 당연한 프랑스인에게도 그 철학은 잘 보이지 않기 때문입니다. 하지만 프랑스 외부에서 보면 철학 교육의 독자성이나 특이성이 확연히 드러나고, 거기에 나타난 철학 또한 고유의 문화로 인식됩니다. 이것이 바로 프랑스에서 역사적, 사회적으로 구성되어 온 사고의 틀입니다.

이 사고의 틀은 프랑스 교육 제도 안에서 자라 온 프랑스인에게는 당연한 것입니다. 어쩌면 그것이 유일하고, 가장 좋은 논리적인 사고 방법이라고 믿고 싶은 사람도 있을 것입니다. 또는 그 한계를 강하게 의식하고 있는 사람도 있겠죠. 어느 쪽이건 그것은 프랑스라는 한 나라의 문화가 역사와 전통을 갖고 일구어 온 고유의 사고법입니다.

그렇지만 지역 고유의 것은 그 장소를 떠나면 통용되지 않습니다. 이처럼 사고법 속에 숨겨진 '철학'을 이해하고, 그것을 다른 문맥으로 바꿔 보는 것이 가능한가 하고 생각하는 것은 정당하고 중요한 질문입니다.

프랑스 바칼로레아 철학 시험에 대해 생각할 때 항상 염두에 두었던 질문은, 프랑스라는 고유하고 독자적인 문맥에서 발전해 온 논리적 사고를 '어떻게 하면 다른 나라 독자에게 의미 있게 소개할 수 있을까?'였습니다. 그래서 사고의 틀이라는 키워드를 중심으로 이 책을 쓰게 됐습니다. 이 작업은 프랑스인에게는 '당연한 일'에 놀라움을 표하는 외국인으로서 프랑스 문화나 사상을 다른 시점에서 재검토해 보는 기회가 되기도 했습니다.

앞에서 살펴봤듯이 사고의 틀은 결코 만능이 아닙니다. 그러나 그러한 틀조차 없는 우리에게는 배워야 할 점이 많습니다. 완벽하지 않지만 매우 의미 있는 이념을 맹목적인 칭찬도 배척도 없이 음미하고, 보고 배울 것은 받아들이는 자세가 필요합니다.

## 사고의 틀이 만들어지기까지

이처럼 프랑스다운 사고의 틀이 가진 핵심을 정리하고, 그것을 이해하고 실천하려는 시도는 혼자 힘으로는 어려웠습니다. 매년 근무처인 교토약과대학의 수업에서 프랑스식으로 철학 소논문을 써 보는 과제를 내기도 했습니다. 물론 학생들에게는 어려웠겠지만, 진지하게 써낸 리포트를 첨삭하면서 무엇을 어떻게 가르쳐야 할지가 더 확실하게 보였습니다.

또한 6장에서 설명한 문제 발견 방법은 2년간에 걸쳐 담당했던 대학 직원 대상의 세미나와 교토약과대학에서의 세미나 등을 열 때마다 수강생들의 의견을 참고하여 개선을 거듭해 왔습니다. 이처럼 귀중한 피드백 덕분에 사고의 틀을 소개할 수 있었습니다.

물론 아직도 개선과 발전의 여지가 있다고 생각합니다. 독자 여러분께서도 여러 상황에서 사고의 틀을 활용해 보고 그 효과를 경험한 다음, 더 개선할 부분을 알려 주시기를 진심으로 기대하고 있겠습니다.

마
치
며

이 책은 2018년 4월에 니혼지쓰쿄 출판사의 마쓰모토 간다(松本幹太) 씨로부터 받은 한 통의 메일에서 시작했습니다. 같은 해 2월에 낸 저서 《바칼로레아 행복론 - 프랑스 고등학생에게 배우는 철학적 사고 수업》의 키워드였던 사고의 틀에 대해 더 자세하게 써 주면 좋겠다는 요청을 받고, 기획서를 빠르게 썼습니다.

《바칼로레아 행복론》이 신문의 서평란 등에서 호의적인 평가를 받기도 했고, 그 기세를 몰아 가능한 한 빨리 출판하고자 집필을 서둘렀습니다. 그렇게 이 책의 70퍼센트 정도는 2018년에 완성해 두었습니다. 2019년 가을에는 그때까지 집필한 원고를 검토한 다음, 현재와 같은 구성으로 출판하기로 정했습니다. 그때는 목표가 바로 눈앞에 있는 것 같다고 생각했죠.

그런데 이 '마치며'를 쓴 시기는 2021년 말입니다. 눈 깜짝할 사이에 구상한 지 3년 이상이 지났습니다. 가장 큰 원인은 2020년 초부터 코로나바이러스 감염증이 세계적으로 확산되었기 때문입니다. 전 세계에서 2억 5천만 명 이상이 감염되고, 5백만 명 이상이 사망에 이른, 21세기 들어 가장 큰 팬데믹이었죠. 이 감염증이 세계적으로 유행하면서 우리의 일상생활에도 큰 변화가 생겼습니다. 근무하는 교토약과대학도 감염 예방 관점에서 캠퍼스를 폐쇄하고 대면 수업을 온라인 수업으로 변경하여 어떻게든 학습 기회를 확보하고자 노력했습니다. 수업 영상 녹화나 편집 등 지금까지 없었던 수업이 생겼고, 집필은 완전히 멈춘 상태였습니다.

그동안 프랑스 바칼로레아도 영향을 받아 2020년에는 처음으로 시험이 중지됐습니다. 2021년 바칼로레아는 고등학교 교육과 바칼로레아 개정 후 처음으로 치러지는 시험이었지만, 시험 성적이나 고등학교 내신 성적 중 높은 쪽을 합격 판정에 활용했습니다. 그러한 변화도 담아야겠다고 생각할 즈음, 다시 한번 집필에 몰두한 것이 2021년 6월이었습니다. 감염 확대가 안정되기 시작했고 온라인 수업에도 적응하기 시작해서, 다시 조금씩 집필했습니다.

2021년 8월부터는 근무처의 유학 제도를 활용하여 오스트리아 빈에 머물렀습니다. 생활 기반을 정리하기까지 시간이 걸렸지만, 차분히 앉아서 원고를 완성할 수 있었습니다. 그렇지만 가을에 접어들며 오스트리아에도 다시 한번 감염이 확대되면서 네 번째 제재가 실시됐습니다. '마치며'는 그동안에 쓰였습니다.

10년이라는 유학 생활을 마치고, 프랑스 바칼로레아 철학 시험 연구를 시작해, 다시 10년이 흘렀습니다. 그동안 전문적인 논문뿐만 아니라 잡지 투고나 강연 등의 기회도 많이 얻었습니다. 이 책에서 다루는 사고의 틀이 논리적 사고 육성이라는 교육의 과제를 직접 해결할 수는 없겠지만, 이러한 관심을 통해 향후 더 좋은 교육을 구현할 수 있기를 바랍니다.

이 책은 일본 학술진흥회 연구비 조성에 따른 성과의 일부입니다. 참을성을 갖고 원고 완성을 기다려 주신 마쓰모토 간다 씨에게 깊은 감사의 말씀을 전합니다. 그리고 무엇보다도 아내와 두 아들 덕분에 생각지도 못하게 길어진 집필 기간을 잘 극복할 수 있었습니다. 진심 어린 감사와 함께 이 책을 바칩니다.

사카모토 타카시

논리적 사고를 위한 프랑스식 인문학 공부

# 바칼로레아 철학 수업

1판 1쇄 발행  2024년 3월 25일
1판 2쇄 발행  2024년 5월 20일
발행처  현익출판
발행인  현호영
지은이  사카모토 타카시
옮긴이  곽현아
편  집  김지숙, 황현아
디자인  김윤남
주  소  서울특별시 마포구 백범로 35, 서강대학교 곤자가홀 1층
팩  스  070.8224.4322

ISBN  979-11-93217-40-5 (03100)

좋은 아이디어와 제안이 있으시면 출판을 통해 가치를 나누시길 바랍니다.
투고 및 제안 : uxreview@doowonart.com